罗仁忠／著

2000年
一个中国的农民家庭

一个新闻生产社会学个案研究样本

北方文艺出版社

图书在版编目(CIP)数据

2000 年一个中国的农民家庭：一个新闻生产社会学个案
研究样本 / 罗仁忠著. –– 哈尔滨：北方文艺出版社，2020.11
ISBN 978–7–5317–4893–9

Ⅰ.①2… Ⅱ.①罗… Ⅲ.①农民 – 家庭生活 – 调查
研究 – 中国 Ⅳ.①D422.64

中国版本图书馆 CIP 数据核字 (2020) 第 187382 号

2000 年一个中国的农民家庭：一个新闻生产社会学个案研究样本
2000NIAN YIGE ZHONGGUO DE NONGMIN JIATING
YIGE XINWEN SHENGCHAN SHEHUIXUE GEAN YANJIU YANGBEN

作 者 / 罗仁忠

责任编辑 / 李正刚   封面设计 / 力扬

出版发行 / 北方文艺出版社   网 址 / www.bfwy.com
邮 编 / 150080   经 销 / 新华书店
地 址 / 哈尔滨市南岗区宣庆小区 1 号楼
发行电话 / (0451) 86825533

印刷 / 成都兴怡包装装潢有限公司   开 本 / 880×1230 1/32
字 数 / 205 千   印 张 / 8.875
版 次 / 2020 年 11 月第 1 版   印 次 / 2020 年 11 月第 1 次印刷

书 号 / ISBN 978–7–5317–4893–9   定 价 / 48.00 元

前　言

1

这本书的正式出版晚了整整二十年。因此，无论从哪个角度来说，这都是一个纪念性的版本。

坚持要把这本书正式出版，也说不出特别的理由，如果一定要说出一个，我想应该是，我没有办法忘记我们曾经做过一件十分重要的事。至少对我，这是一件能体现价值、也很有意义的事。

在二十年后的今天正式出版本书，无非是要表明：个人的命运与国家的命运需要紧密地联系在一起。时代在变化，国家在发展；人们在观察，个人在思考；每个人行走的脚步，都跟随社会变迁的趋向，与时代同呼吸，与人民共命运。而我们的思考，在那个即将进入 21 世纪的时间节点上，恰好合上了国家快速发展的节拍，我们的心跳与所有中国人的脉搏实现了同步。

一本书自然有一本书自己的命运，这本书的命运多少显得有些坎坷。

从一开始，我们的设想就是正式出版一本书。大约在 2001 年的上半年，整个调查、报道活动结束后，我们很快就将所有资料，文字的、图片的，都收集了起来，并按出版一本书的要求进行了编辑，同时也与有关人员商定了出版事宜。随后，征得我们所在报社的同意，以单位名义向上级打了一个报告，请求在出版经费上给予相应的资助。上级对此也很支持，当时的市长在报告上亲笔批示，明确批给了我们一笔资金。不过，那笔资金极为有限，并不足以支持书的出版。

挫折总是难免的。

在此后的十多年间，本书也曾两次面临出生的机遇，一次是在 2004 年，一次是在 2010 年。2004 年，我们任职的报纸创办十周年，为了记录这张报纸发展的历程，展示地方经济社会发展的历史轨迹，报社决定出版一套纪念丛书。这套后来被称为"一群报人的集体记忆"的丛书，包括新闻作品、新闻评论、获奖新闻作品等。由报社安排，我受命担任其中任务最重的作品、评论的选稿和编辑工作，于是我也把报道这个农民家庭的内容选了出来，作为单独的一本列入了丛书之中，只是后来因为出版社提出了一些建议，这些内容最终被合并到了一本评论集里。2010 年，是我们对这个农民家庭进行调查、报道的十周年。当年年初，我计划重新走访这个农民家庭，想看看这个家庭十年里的变化，并把我多年来对新闻生产问题的思考进行一个系统的梳理，形成文字，与此前已有内容合并在一起，出一个十周年的纪念本。遗憾的是，这一想法最终还是没能实现。究其原因，大约是因工作岗位已经变动，岗位责任大，工作任务重，没办法每月至少一次去那个家庭走访了吧；也或许是经历的事多了，人变得懒散了吧。

2

本书最初的构想，更多是学术性的，其基础是社会学，关注的焦点是新闻生产，正如我们在"开篇絮语"里所说。

第一次在报纸上呈现调查获得的情况时，我们写了一个"开篇絮语"。在这个十分简短的"絮语"中，就调查方式和想要达到的目标，我们是这么说的："或许他们的故事将是平淡的，甚至是乏味的，但那一定是真切的。六十多年前，社会学家费孝通先生曾通过对江苏吴江开弦弓村的调查，写成了著名的《江村经济》，让人们看到了20世纪30年代旧中国农村社会的真实图景。我们愿意以费先生的精神为指向，来触摸这个家庭的底蕴，并以尽可能活泼的文风，有表现力的文章把报道写得好读，且不失去我们的本意。"

"絮语"是因为报纸版面需要而写的，并未说出我们全部的意图。事实上，在正式开展调查以前，虽然没有写一个具体、详细的实施方案，但我们进行了比较全面的准备。在经过几次充分的讨论之后，参与人员达成了共识，形成了明确的意图，那就是"絮语"中所说的"我们的本意"。可以说，费孝通先生的《江村经济》就是我们行动的一个蓝本，从调查方式到文本呈现，与传统的新闻调查都相去甚远。而且从一开始，我们就已清醒地意识到，作为新闻报道，它们是有缺陷的，所以我们才说"或许他们的故事将是平淡的，甚至是乏味的"。的确，作为新闻报道，它们并不具有传统意义上新闻的突出特征，它表现的新闻事件不是突发的，不重大也不典型，不能被社会广泛关注；它体现出的新闻价值也不大，不能及时地对日常生活产生影响。即使它们是以新闻的形式呈现于新闻媒介之上，它也难以摆脱作为社会生活日常形态记录的面貌。

　　调查内容最终是以新闻方式呈现出来的。这么做，与我们的社会身份密切相关。我们都是媒体从业者，作为新闻生产者，报道新闻，生产新闻，让媒体内容更丰富，促使媒体产生更大的影响力，这是职业的要求，也是我们的责任所在。更明确一点说，这是我们的饭碗，我们必须完成报社规定的采编任务，所以我们不太可能抽出整整一年的时间，去完成一项非本职工作要求的社会调查工作。较为可行的办法，就是把这二者有机地结合在一起。

　　在调查内容的呈现上，我们并未更多地提及新闻生产，但思考的底层逻辑却是，新闻是如何被生产出来的。我们思考得最多的一个问题是，在对一个典型的农民家庭的日常生活进行细致的观察之后，哪些东西会从众多的信息或事实中被凸显出来，进入我们的视域中，然后被当作新闻呈现在报纸的版面上；作为新闻生产者，我们又是如何将我们想要表达的东西融入新闻叙事中，以期引导读者关注我们认为应该关注的东西。从报道形式上说，我们采用的是通讯样式。这一新闻体裁，本身就更能体现出新闻的生产性，记者对新闻的介入程度更深，主观倾向性也更明显，它对揭示新闻生产者在新闻生产过程中的作用也更为方便。

　　调查内容以新闻方式呈现，带来的一个必然结果是，它的呈现是碎片化的，它也容易将读者关注的焦点引向新闻。这也是我们坚持要单独出版这本书的一个重要的理由。我们并不希望读者误认为报道才是最重要的，而其他内容是辅助性的或可有可无的。所以，构成本书内容的，不仅包括新闻报道，也包括家庭日常生活记录、农村农业生产情况、相关经济数据和历史性事件、调查者的分析与评论、人们对报道的反应、家庭人员的书信以及读者来信等，即我们调查获得的所有情况，都是本书重要的组成部分，从性质的角度说，它们没有主次之分，共同构成了一个有机的整体，对理解新闻生产过程都不可或缺。对新闻报道部分，这些新闻或许传达了相当的信息，也具有一定的新闻价值，但我们认为，对它们的理解，最好基于新闻生产角度，把它们当作是一种新闻生产行为。

3

对新闻生产的认识，我们的思想观念主要来源于三个不同的学科领域：文学理论中的叙事学、经济学中的产业经济学和新闻实践活动。

先说叙事学。

叙事学或者叙述学，诞生于法国，于 20 世纪 60 年代开始风行于世，随即波及整个欧美世界。叙事学的思想资源主要来自俄国形式主义、语言学、修辞学、符号学以及哲学解释学。叙事学最早的研究领域是小说叙事，其后逐步扩展到所有的叙事领域，如历史叙事学、新闻叙事学等。叙事学理论引进到国内的时间极早，大约于 20 世纪 80 年代中期就已开始。当马原写出那句著名的"我就是那个叫马原的汉人"时，国内叙事学研究似乎找到了突破口，研究者们出版的著作一时蔚为壮观。涉猎叙事学，让我们知道所有表达都是在叙事，这使我们清醒地意识到，新闻也是一种叙事。1989 年，我入行仅一年时间，曾写过一篇评析刘连枢获全国新闻奖的作品《京郊出现"科学热"》的文章，便以叙事学为分析工具，探讨了作品的叙事视角和视点问题。叙事学理论认为，叙事视角或视点的任一改变，都将引起内容价值和意义的变化。当我们从叙事角度审视新闻文本时，我们立即就会发现，新闻并不是对真相的记录，新闻是在建构现实。换言之，被我们当作事实本身或事件真相的新闻，其实是被生产出来的，夹带了生产过程中新闻生产者的许多"私货"。

再说产业经济学。

产业经济学是传统经济学的重要组成部分，它研究的对象是各个产业发展的规律。进入产业经济学领域后，我们很容易就知道，在经济学中，文化是以产业面目出现的。在这里，文化一词与我们通常理解的不同，它并不以一种传统知识的形象作用于我们的心灵，而是以具体的产品形态被我们所消费。文化作品与文化产品，根本的区别在于是否是被有计划地组织生产出来的。

作为文化的一部分，新闻也是一样。作为产品的新闻，它是以什么样的形态存在的呢？或许有人会说，是报纸，是具有物理特性、每天都出的一张张具体的报纸，因为我花钱买新闻，订阅的就是报纸，但是，广播新闻呢？电视新闻呢？深入地想一下，其实并不全是这样，你买报纸并不是拿来包东西，重要的是要阅读那上面的内容，消费的实质是让那上面的新闻满足你心灵上的一些需求。而那些能满足需要的新闻，是由一个个新闻文本承载的。报纸文本由文字构成，电视文本由图像构成，广播文本则由声音构成。

当我们认识到新闻的产品属性时，我们就不难明白，所谓的新闻，并非是在一定时空中发生的事件本身。从事件发生到你了解关于这件事的新闻，居于中间的一个实体组织发挥了巨大的作用。这个组织就是我们十分熟悉的媒体。从事件发生到以文本形式卖给消费者，这一过程的计划性、组织性都十分明显，因此我们才说新闻是被生产出来的，而不是原封不动、丝毫不差地传递出去的信息。

最后，说一说新闻实践活动。

在新闻实践活动中，我们明白新闻不是客观记录，并不还原事件。首先是新闻写作。当我们进入一家媒体，对新闻还很生疏时候，如果我们接受任务去采访，回来时心里总会生出一种恐慌来，面对白白的稿纸或空空的电脑屏幕，我们不知道该写下什么，不知道从何写起，也不知道该写哪些不该写哪些，担心不掌握全部情况会漏写，对事件细节会产生错误的认识，等等。但最终解决这些问题的还是我们自己，在获得较多的实践经验后，我们总算明白，一个事件总是很复杂的，我们所能掌握的东西其实只是其中的一部分，或者是一个侧面，所以不太可能全部还原事件真相，只能尽最大可能接近真相。事实上，我们也不可能把掌握到的东西全都写下来，我们会按照自己对事件细节的认识和对稿件的要求进行选择，写下重要的，放弃不重要的。这么做的时候，实际上我们已经放弃了还原事件的努力，形成了自己对材料进行取舍的主观倾向。

其次来自新闻阅读。对一个从事新闻报道工作的新手来说，解决如何写新闻最快捷的办法，莫过于向成熟的记者学习，这就是新手喜欢阅读其他媒体所刊报道的动因。在阅读各媒体的新闻时，很快我们就会发现，面对同一件事，不同媒体的记者所报道的东西并不一样，有的甚至意见相左，尤其是国际新闻更是如此，美国人写成这样，俄罗斯人写成那样，英国人或法国人却又写成了别样。后来我们还是知道了这其中最大的秘密，这秘密就是"立场"。美国记者、俄罗斯记者，英国或法国记者，各自拥有各自的立场，由于立场不同，他们看待事物的方式便不太一样。所以，虽然面对的是同一件事，但他们"看见"的东西，其实并不完全相同，那种超过认知的绝对"真相"，在具体的记者那里是不存在的，记者个人"看见"的真相，只不过是记者自己认为的真相。"立场"的存在，决定了新闻文本的价值取向。所以，在建构新闻文本的过程中，无论是哪一个媒体或哪一个国家的记者，都不会把事件的全部细节放入文本里，而是经过了精心的选择。

最后是来自记者与编辑间的沟通与协商。这一点更加容易理解，记者提交上去的稿件，无论是多精心写出来的，编辑都会改动，或者删除一些段落，或者改变叙述的方式，或者重新制作标题，更有甚者，还会将记者认为重要的新闻删成短讯。记者当然不会完全认同，辛辛苦苦采访，又冥思苦想，才把稿件写出来，编辑为什么还要改动我的稿子呢？这不是让我在稿上下的功夫白费了吗？当记者去询问编辑时，编辑却会告诉他，修改是有道理的。如果不做修改，就会出现这样那样的问题。编辑和记者间的协商，可以说是永远的、经常性的、不可避免的。这是因为，编辑的立足点是文本，并不过多地考虑事件本身，他的出发点是编辑意图，这意图一方面来自版面的需要，另一方面则来自编辑部。编辑部会议对稿件有统一的安排，同时编辑部主任也会提出自己对稿件的要求，有时还会传达报纸总把关人的意见。经过这一番考虑，编辑改过的文本所显示的和记者文本所显示的，肯定是不一样的，不仅文本样貌有改变，即便是稿件主题、价值取向、情感呈现也都会发生变化。

4

此前我曾说过："每个人行走的脚步，都跟随社会变迁的趋向，与时代同呼吸，与人民共命运。"对那些不想被社会孤立、隔绝的人来说，就更是如此。

1999 年下半年，那时候还紧紧抱着"记者是历史的亲历者"和

"新闻是历史的记录"观念的我，对"三农"问题，尤其是社会主义市场经济改革日渐深入、经济社会的发展速度越来越快的情况下"农民增收"的问题十分关注，所以抽出时间深入到几个较为偏远的乡镇，对"农民增收"工作进行了集中采访，写出了一批包括通讯、述评在内的稿件。其中，有关于"重新认识茶产业发展"和"种果还是种茶对增收更有效果"的报道，让我没想到的是，这些报道在当地产生了极大的影响，从镇到县都给予了及时呼应，并采取了非常积极的行动。这使我进一步认识到，新闻并不仅仅是历史的记录，新闻有可能影响历史；新闻能够反映现实，同时也能够建构现实。于是，关于田野调查的议题便被提了出来。

整个调查和报道工作，是由一个团队共同完成的。千禧年到来前的一个月，团队得以最终组成，成员包括罗仁忠、李远飞、蔡清树、吴晓丹，共四人。

这是一个年轻的团队，从年龄上说，罗仁忠最年长，时年也仅35岁。另外三人均出生于20世纪70年代中期，是典型的70后；从从业经验上来说，除罗仁忠有十二年的采编经历外，另外三人都才刚刚踏上他们新闻事业的起点，其中一人从外经贸单位调入，另两人则刚从重点大学毕业不久；从所学专业来说，四人中只有一人是学新闻出身，接受过新闻专业训练；其余三人，一人学中文，一人学农业，一人学历史。虽然这是一个年轻的团队，但他们对新闻、对从事新闻采编工作都抱有相应的"野心"，试图通过新闻实践，建立起自身的新闻制高点，为地方媒体构建话语权添砖加瓦。

最终完成选点工作是在1999年12月中旬。这项工作由李远飞独立完成。此前，对地点和家庭的选择，我们有如下的考虑：从地点来说，其所在位置必须是一个典型的中国农村，但它不能太远，最好就在市区一小时车程内。由于当时的交通还不发达，私家车并不普及，因此需要有公共交通，方便一天内来回。从家庭来说，它必须是一个典型的中国农民家庭，家庭的核心人物在 50 岁左右、具备相应的认知沟通能力，家中要有承包地，家庭结构是上有老下有小，在家庭子辈成员中，最好既有外出打工的，还有正在上学的。出身于本地的李远飞，利用同学、朋友关系，先后按这一想法了解了几个点的情况，最后确定了这个在他老家农村的点。这个调查点离市区所在单程约半小时，有公交通往市区，家庭成员达六人。调查点选定后，我们随即就去同他们一家见了面。第一次去，我们四个人都去了，并按本地的习俗带了手信。那天和我们见面的并不是他们全家，两个女儿还在外地打工。他们对我们的到来，显得十分高兴，并且为我们准备了丰盛的午餐。当然，除了相互熟悉外，我们也按照设计好的调查程式，将今后一年中我们的采访调查工作预演了一遍，并获得了他们的认可。

选择一个农户作为观察对象，其实并没有我们想象中那么容易，这是因为，对传统的农民来说，他们的观念并不与社会发展同步，他们的意识中，更多的还是自家的事自己管好就行，并不认为有公之于众的必要。要把这些被他们认为的"私事"放到大众面前，并且让大众毫无遮拦地议论，这会使他们觉得十分不自在，尤其涉及经济问题时，就更是如此。最初选上的家庭中，也有情况更典型的，就因为他们存在这样那样的顾虑，所以定不下来。即使是我们选定的家庭，也并不是所有的家庭成员都接受了我们的观念，其中一人的配合程度就比较低。

我们采取的调查方式是入户调查，每周去一次，大多数时候是早晨坐公交去，下午坐公交回，中午在他们家吃午饭。一般而言，都是四人同行，但因本职工作的影响，有时也有两人同去，甚至一个人单独去的。到达农户家庭后，家庭成员在做什么事，我们就跟着一起做，比如春耕，又比如秋收，边做事边进行访谈，待有空闲时，就集中时间进行深入谈话。访谈的内容，包括这一周中家庭成员个人所做的事，家庭发生的事，尽可能做到事无巨细。同时，也把这个家庭看作是农村社会的一个细胞，访谈时也涉及邻居、村组在这段时间里发生的比较重要的事情，并向邻居、村组干部核实。在访谈的基础上，我们还要求这个家庭的核心人物写一周记事，把每天所做的事简要地记录下来。

对调查情况的新闻呈现，我们征得报社同意，在我们主持的社会新闻周刊的第二版上设立了专栏来容纳。这个专栏，新闻文本由团队成员的一个人制作，也由团队成员中的一个人进行编辑，对整个内容的把关，则由调查活动的主导人进行。专栏较为醒目，设在版面的上部，每期占用半个版面。对新闻呈现，我们设定了固定频率，半个月一次，不受任何事情的影响。每次呈现的内容不尽相同，包括我们所写的报道、一周生活记事、对一些社会经济问题的调查，家庭成员个人的故事、社会上的反应等，但有两个内容每期都必不可少，那就是我们生产的新闻和家庭核心人物的一周记事。所以，可以这样说，整个新闻生产完全是在团队的控制中完成的。采用这种生产模式的好处显而易见，那便是它保证了在新闻生产过程中生产意图能最大可能地实现。

5

本书由三个部分组成，第一部分导论，第二部分新闻文本，第三部分附录。关于这三个部分的相互关系，在此事先做一个粗略的说明。

"导论"部分包括三篇文章。这三篇文章，都具有相应的理论性，但不能完全视为新闻学论文，因为它们不具备规范性学术论文的特点。《关于新闻生产社会学》一文，是对新闻生产社会学研究面貌的粗线条勾画，重点不在于对新闻生产社会学发展史上各种观点的引证、解读、辨析，也不在于对其中重要学者的学术贡献进行审视和评价，作为非专业研究人员，我们只是想通过提及的代表性人物、我们关注的一些著作，试图引导读者关注这一研究领域，同时使读者在阅读本书时将其纳入新闻生产社会学的学科框架之中。《社会学视野中的新闻生产》一文也是纲要性的，我们并没有梳理不同时期形成的研究成果，也没有引述研究者们的重要理论，我们所做的，是将我们对新闻实践活动所产生的思考表达出来：围绕新闻生产的各个层面，我们关注的范围、我们的看法以及我们由此形成的新闻观念，目的是让读者更方便地理解一种新闻生产行为。其中的一些观点，或许是受研究者们的影响而形成，但我们并未追溯其源头，也并未说明对我们影响的程度和具体所在。值得特别说明一下的，是《新闻产品：从客观性认识新闻的文本特性》一文。这篇文章写于1997年，起因是完成研究生课程中产业经济学的作业，后来经过修改，于2006年作为新闻论文发表在一家新闻刊物上。严格地说，这篇文章与新闻生产的关系并不大，分析方法也不是社会学的，它进入的角度是新闻叙事学。与新闻生产建立起联系的，是这篇文章讨论的对象为新闻作品，即是我们所说的新闻生产成果——新闻产品。之所以将其作为导论的一部分，是因为从中可以看出，我们关于新闻生产的认识其来有自，具有一贯性。

"新闻文本"部分包括二十六章和一篇结束语，这是那次田野调查所获得的全部内容。2000 年在报纸上发表时，它们是按期呈现的，并未按章节编排。编辑为书时，我们考虑按章节编排，更有利于其形成一个有机统一的整体。各章中的新闻文本，关注的重点是"三农"问题，聚焦点是增收。选择"三农"问题作为观察对象，有大形势的原因，也有我们自身的考虑。就大形势而言，即将进入 21 世纪的农村，在经过实行土地承包责任制的大发展以后，经济社会的发展进入了一个相对缓慢的时期，农民吃饭的问题解决了，但手中的钱并不多，农业税仍然要交，其他上缴费用也不少，"减轻农民负担"成为一时热词，想要多挣些钱供孩子读书、建新房或发展其他的产业，似乎也没有更多的现实途径。能增收的办法只有外出务工，不过，由于受宏观形势影响，工业经济的发展呈现出疲态，务工人员的月收入长时间在几百元上徘徊不前。"三农"呈现出的局面，引起了社会各界的广泛关注，社会学界、新闻界都是其中之一。就是在那段时间，著名的社会学家曹锦清开始了他的农村入户调查，并于 2000 年 9 月出版了那本著名的、被称为"当代中国少见的实证考察著作"——《黄河边的中国》。就我们自身来说，我们所工作的河源，是改革开放前沿广东的一个农业大市，"三农"问题也是本地政府所遇的重大难题，身处其中，关注"三农"也是我们的责任。同时，我们四人均出身于农村，对农村较为熟悉，也有兴趣。"潘叔记事簿"记录家庭日常生活事件，主要用以呈现家庭日常生活的原始样貌和家庭在一个发生巨变的大时代中跟随社会变迁的最细微的轨迹。记者手记等，主要呈现我们对一些事情的认识和在这一过程中我们一些观点的形成。

附录部分也包括三个内容。《伴随日子在喜与忧中期盼着沉浮》是入户调查结束一年后，对这个家庭的一次回访。承接调查所涉及的一些问题，以新闻通讯的方式，对一年来家庭的变化进行了反映。

《关于农村农业农民的思考》，是一个未完成稿。紧扣调查内容写作一个系列述评文章，从一开始就在计划之中，本来打算在调查结束之后、出书之前这段时间写出来，将其收入书中，成为书的组成部分。2001年初的几个月，我也按照当初的构想，陆续写作了这个系列中的几篇稿件，由于出书计划被搁置，也因为其他原因的影响，系列中的其他稿件最终没有被写出来。当时，通过对调查情况的梳理，我对这个系列述评列出了十个题目，评述对象涉及粮食、土地、农业结构、集约化生产、农业人口转移、中心村建设以及城镇化道路等方面。我认为，这些方面呈现出的问题，都是很重大的议题，最能体现解决"三农"问题的紧迫性。虽然评述问题是通过梳理调查情况获得，但我并未囿于调查材料，而是选择了更宏观的角度，把问题本身当作了评述对象。我形成的基本想法是，"三农"问题不是一个孤立的问题，它是一个系统工程的一部分，要从根本上解决，最好的办法是加快城市化建设步伐，将人口从农村向城市转移。农村发展的基本面，是推进中心村建设；乡镇发展的有效途径，是中心镇建设；县城及地市所在地的建设目标，是加快城市化步伐，构建承载人口转移的生产、生活空间。由于是未完成稿，所以就没把这些稿件当作正文，而是将它们附录于本书。

《河源市最边远的四个村庄》是报社同事写的一组报道，发表于2003年，和我们开展调查的时间十分接近。这四篇稿件，按村庄所在位置组织，反映了当时本地贫困农村的基本样貌，在经济、社会、人文以及村庄治理等方面，与我们调查所在村落具有诸多相似性，对读者在发展大背景下理解本书应该很有帮助。经作者同意，一并附录于此。

目　录

第二部分　新闻生产与文本

第一部分

导论：新闻生产与社会

一、关于新闻生产社会学

从某种意义上说，新闻生产社会学的建立，更多地源于对新闻客观性的追问。迈克尔·舒德森发表于1978年的《发掘新闻——美国报业的社会史》便很能说明这一问题。其后他发表的《新闻社会学》，导言就称为"制作新闻"，从中也可以看出他对新闻客观性认识的倾向性。

以新闻与社会的关系作为专门研究对象的新闻社会学，以学科面目出现的时间并不算长，与新闻研究中的其他学科、领域相比，也说不上是一个热门领域。而研究领域更为狭窄、仅仅聚焦于新闻生产的新闻生产社会学，其形成的时间则更晚，研究者不多，受关注度也不高。

当然，这并不是说在新闻社会学或新闻生产社会学形成之前，人们不研究新闻生产问题。自有新闻业以来，新闻生产就存在于新闻实践活动中，作为一项社会活动，它也被关注，其中一些问题也被学者们研究着，但它并未能建立起研究框架、形成学科话语体系。大多数时候，人们对于新闻生产的研究，都是从相关学科出发，立足于学科框架、研究方法，对新闻生产现象进行审视和解读。

于此，有必要粗线条地勾勒一下新闻生产研究的面貌。虽然我们对新闻社会学、新闻生产社会学的许多认识是后知后觉的，但这么做，对于读者理解本书所涉及的一些问题，尤其是新闻生产者的生产行为，却不无裨益。

新闻生产社会学研究，主要是以新闻生产为对象，从新闻机构内部、新闻机构与其他社会机构的关系出发，考察它们对新闻生产过程产生的影响。这一研究范式兴起于20世纪50年代，经过二十余年的发展，在20世纪70年代末、80年代初进入兴盛时期。人们认为，在这一时期，新闻生产社会学研究异军突起，形成了新闻生产研究的"第一波浪潮"，解读新闻生产的一些核心概念，正是在这一时期才得以最终成熟。

对新闻生产社会学的建立，迈克尔·舒德森（Michael Schudson）、赫伯特·甘斯（Herbert J. Gans）和盖伊·塔奇曼（Gaye Tuchman）等人做出了最大的努力，较其他研究者贡献了更多的智慧。舒德森通过历史的考察，对新闻的客观性提出了质疑；塔奇曼率先指出是"新闻常规"形塑了新闻；甘斯则提出"新闻是框架"，可以"建构现实"。他们的研究，共同的特点是沿袭了美国学术研究的实证主义传统。20世纪90年代，新闻生产社会学迎来了发展的第二个高峰。这一次，倍受众人瞩目的人物是法国的社会学家皮埃尔·布尔迪厄（Pierre Bourdieu）。出版于1996年的《关于电视》，是一本薄薄的书，在这本研究电视生产的专著中，布尔迪厄将社会学的场域理论带入了新闻生产研究中，他用"惯习"这一概念解释了新闻场域中行动者的行为逻辑，认为记者和编辑的行动无法超越所处的社会结构，尽管其具有一定的主观能动性。场域理论并未征服所有的研究者，它被关注的同时也引起了广泛的争议，但不可否认的是，它是新闻生产研究中最重要的理论之一，直到目前，布尔迪厄所建立的"场域—惯习"研究框架，仍然是新闻生产社会学中最受欢迎的分析工具。

在 21 世纪前，国内对新闻生产的研究，并不像国外那么热闹，甚至可以说没有出现过高潮。总体来说，除媒介社会学教材外，国内出版的新闻生产社会学研究专著极为少见，而能受到广泛关注的，则更加难找。对新闻生产的研究，比较多的是单篇论文，零星发表于各种新闻刊物，而且数量并不大，引起热议的也不多。仅以我们关注到的为例，较早出版的专著有陈颐的《新闻社会学》，出版于1996 年。进入 21 世纪后，张志安运用布尔迪厄的场域理论对新闻生产做过较为集中的研究，先后发表了一批研究论文，如《新闻生产与社会控制的张力呈现》《新闻场域的历史建构及其生产惯习》等，尤其是《新闻生产与社会控制的张力呈现》，获得了学术界较为广泛的关注。

21 世纪的前十年，对新闻生产研究贡献最大的，应该是对于国外经典著作的译介，舒德森的《发掘新闻》及《新闻社会学》、甘斯的《什么在决定新闻》、塔奇曼的《做新闻》、大卫·克罗图（David Croteau）的《媒介·社会：产业、形象与受众》等，大都在2010 年前后译介到了国内。例外的是布尔迪厄的《关于电视》，早在 2000 年，这本书便已被翻译出版了；更早的一本书是戴维·巴勒特（Barrat, D）的《媒介社会学》，翻译出版于 1989 年。与前几本书由新闻传播学界引进不同的是，这两本均为社会学界所引进。

无可置疑的是，经典著作的译介，对推动国内新闻生产的研究功不可没，自此，学界的研究进入了更为广阔的空间，无论是研究的广度还是深度，都不可同日而语。进入 2010 年以后，关于新闻生产研究的专著逐渐多了起来，如田秋生的《市场化生存的党报新闻生产：广州日报个案研究》、窦丰昌的《市场化党报的日常新闻生产》、王冲的《中央电视台新闻生产机制变革研究：基于媒介社会学的视角》、李蓉的《全球化媒介社会背景下的新闻生产研究》等。

进入 21 世纪的第二个十年，一个最为显著的特征是，随着互联网技术的发展，各种依托网络而产生的新兴媒体风起云涌，对传统媒体形成了巨大的冲击。为了应对这一始料不及的媒体变革，传统媒体不得不走上了媒体转型之路，从"媒体触网"到"报网互动"，又到"媒体融合"，再到"融合媒体"，最终确立起来了"移动优先"的发展模式。在这个媒体发展面临前所未有的压力却又呈现出日新月异面貌的时代，媒介组织结构已与此前有所不同，新闻生产的机制、方式已发生巨大的变化，新闻生产与社会控制间的关系更为复杂，甚至连新闻产品的形态都与传统的认识相去甚远，因此，研究全媒体业态下的新闻生产自然成为学界的当务之急。这一时期，尤其是在后面几年，学界对新闻生产的大多数研究，都和媒体同呼吸共命运，与媒体融合改革紧密地结合在一起，如肖燕雄的《新闻传播界生产与生态论》、邵鹏《媒介融合语境下的新闻生产》、窦丰昌的《开放式的新闻生产：网络时代报纸新闻生产方式的变革》、芮必峰的《新闻生产中的力量博弈》、张统宣和张王梅的《全媒体时代下的新闻生产》等。

二、社会学视野中的新闻生产

1. 谁生产了新闻？

谁生产了新闻？回答这一问题，需要费一番口舌。

对大多数人来说，新闻究竟是什么似乎并不那么重要，一旦说起新闻来，他们也不会去深入地想：我们嘴上经常说的新闻到底是什么？在同一个语境下，你在说新闻，我也在说新闻，但是，你所说的新闻和我所说的新闻，是否是一回事？

这是一个很普遍的现象。一群人聚在一起，总会说些什么，交换各种信息，交流各自的观点。你说我要告诉你一个新闻，这是个大新闻，绝对出乎你的意料之外。我说，我发现了一个新闻，你要是知道了，一定会感到十分震惊。不过，当双方完成信息交流后，对对方所说的反应，可能并没有想象中那么强烈，甚至还可能产生这样的想法：这算什么新闻？

事实上，当我们在日常生活中不期而然地遇到这样一个情景时，即使谈话中涉及的是同一个新闻事件、同一个新闻事实，我们仍然会发现，要想达成一致的认识，是多么困难的一件事。对这一事件或这个新闻事实，它所显示的意义、体现的价值、持续产生的影响、作用于人的广度与深度，等等，我们的看法都会有很大的不同，甚至大异其趣。

这一现象的存在，至少说明了一个显而易见的事实：关于新闻，每个人都有各自的想法，并不容易形成标准的、可以通行的图景。它所带来的直接后果是，当我们在接受新闻时，这会引起我们足够的警惕，尤其是在新闻涉及的新闻事实并非我们亲身所经历的事件时，我们心中就会生出疑问：事情真的是这样的吗？

深藏于这个现象后的秘密是：交流双方各自对新闻的定义不同，就新闻这一概念而言，内涵和外延都存在着较大的差异；同时，为了让对方相信，传送新闻的一方会有意无意地强化个人的色彩，染上个人色彩的，包括信息、态度、立场、情感以及话语等。从信息来说，他可能选取更多的信息告诉你，也可能尽量少选择信息告诉你，信息的多与少，全看他想对你构成多大的影响而定。与此相关的是，他还决定着传送信息的先后次序、强弱程度，一些事件细节被放在了前面，一些事件细节被放在了后面，一些事件细节有可能会反复告诉你。从态度、立场来说，他可能站在冲突的一方，对事件表现出赞成，或站在冲突的另一方，表现出反对；从情感来说，他对牵涉其中的人物和事情，会表现出好恶或无所谓；从话语来说，他会使用他认为最能表达他本人意思的词汇，对文本进行编码。

其实，从这一番操作中，我们可以清楚地看到新闻在日常生活中的际遇，即使对"新闻"一窍不通的人，他的观念中都有一个确定下来的"新闻"概念。当他与人交流时，他用这一概念建构出了他的"新闻"图景。一般而言，我们认同"新闻是新近发生的事实的报道"（陆定一语），但同时我们也承认，新闻包括了信息、观点和情感，或许也包括了惯习或者成见。

新闻在生产领域的境遇，和它在日常生活中的境遇并无不同。在新闻生产领域，虽然绝大多数新闻生产者都接受过专业训练，即使不是出自新闻院校，至少上岗前也接受过新闻培训。然而，我们却不能就此认为，所有的新闻生产者对于他们要生产的东西会有一个高度统一的认识。事实上，他们的新闻观念千差万别，他们制作（制造或生产）新闻各有各法。熟悉新闻生产领域情况的人都知道，各种冲突、协商、妥协与和解，有如宿命一样，始终贯穿在整个新闻生产过程中。正是源于这种新闻观念的差别，"新闻"图景在生产流程中的面貌时时都在改变，一直处于未定状态，所以"谁生产了新闻"便成了一个疑问。

人们最直观的印象，是记者生产了新闻。因为新闻文本，不管是文字文本，还是图像、声音文本，无一例外地都冠有记者的名字，都有"本报（本台）记者某某某报道"的标识。从表面上看来，的确是这样的。我们所说的新闻，肯定与信息有着极为紧密的关系，新闻内容就是由这些信息编织起来的。而记者所能做的就是尽快赶到事发现场，尽可能看到更多的细节，更全面地掌握相关的信息，更详细地了解事情的前因后果，然后以最快的速度制作出自己的新闻文本，提交给新闻编辑部。不过，我们必须明白的一点是，由媒介平台展示给受众的新闻文本，即使冠有记者的名字，它与记者最初制作的新闻文本也并非是同一个新闻文本。记者的文本早就被编辑做了修改，即使从文字上说没有任何改动，编辑其实已对记者文本进行了"新闻"身份的认定，即认可了它是一个"新闻"，并给新闻评了级，重要或不重要，明确了它是一个"大新闻"还是一个

"小新闻"。所以，媒介平台上的新闻文本所呈现的"新闻"图景，与记者提交的文本呈现出来的并不一样。从这个意义上说，新闻并不是由记者生产出来的。

往深里一点想，似乎是编辑生产了新闻。对编辑来说，记者提供的新闻文本本质上是一些材料，是相互关联的一些信息。对记者提供的"新闻"给予确认后，他会立足于自己的新闻观念构建出一个"新闻"图景来，理所当然地，他就开始对记者文本进行处理，删减文字、增减段落、调整结构，或者添加细节、改变角度、制作标题等，然后，他通过编辑语言的使用，将这个文本在版面或播出时间段上找一个合适的位置安排上去，头条或者尾条、先播或者后播，他便把带着自身个性色彩的"新闻"放在了受众面前。

然而，好像也不全对。如果说是编辑生产了新闻，那我们一定是忘了把关人的存在。到编辑这儿，整个新闻生产流程只不过才进行了一半。对编辑提供的新闻文本，把关人（编辑部主任、稿件终审等）还会提出相应的处理意见，包括文字、段落、结构、标题等方面的改动，更重要的是，他们会根据重要性原则和影响力预判，对新闻文本进行调度。以报纸为例，一个文本可能被从版面下部调整到上部，标题字号可能从三号改为一号，也有可能从三版调整到一版，甚至放在头版头条上。把关人对文本所做的这些处理，实际上是重构了文本承载的"新闻"图景，从性质上说，它已改变了"新闻"的价值。

能不能说是新闻把关人生产了新闻呢？也不能！

最后，我们会想到媒介组织，通讯社、报社、电台、电视台。因为上述所有与新闻相关的人员，都归属于一个具体的媒介组织。这个组织与从事新闻生产的人具有经济或者社会的利益关系，对新闻生产诸行为拥有支配权，它要求记者把新闻写成这样，让编辑把稿件处理成那样，督促把关人在把握舆论风向上起到实际的作用。为了实现组织的某个具体意图，它要求记者报道新闻事件时侧重于某一个方面，告诉编辑通过技术手段把受众的关注聚焦在某些点上，它也告诫把关人要努力避免某些"雷区"。对正处于进程中的热点事件或者可预知的重大事件，它进行策划，事先做出报道安排，控制报道规模，形成报道节奏。无论从哪个角度看，新闻生产都是一种有组织、有计划的生产行为，所以，最终呈现于媒介平台上的新闻文本，其实是媒介组织制造的文本，而这个文本建构的"新闻"图景，则是媒介组织想要的一个"新闻"图景。

直到这时，我们才最终发现，从新闻生产角度来认识新闻时，即使只涉及一个具体的媒介组织，只从这个媒介组织的内部加以审视，所谓的"新闻"，其实是由一个新闻共同体所生产的。在这个新闻共同体中，个体生产行为可能对新闻最终的形成产生一定的影响，但它并不能决定新闻的价值和对受众的影响力。

2. 新闻生产者及其生产行为

(1) 记者

已经有许多人对记者的职能进行过很有见地的评述。人们通常认为，一个好的记者就是要服务社会，伸张正义，曝光不公正的事情。记者工作的一个中心原则，应该是用平衡的方式展现事实性信息。这是从记者的社会身份来说的。记者生存于一种社会环境中，他有着多重社会角色，而"记者"只是他不同的社会角色中的一个。

就日常生活而言，人们会时常在多重社会角色中自由转换，记者当然不会例外。然而，需要说明的是，社会角色并非孤立地存在于某一种空间中，各种角色能够相互隔离，实际上这些角色始终会相互影响，所以当记者以"记者"身份从事新闻生产时会受到干扰，其他一些社会角色也会发挥出潜在的作用。

从新闻生产上说，记者是干什么的？我们的看法是，他们主要是做好三项工作：收集信息、事实的相关线索；选择事实并进行相关策划；根据需要和自己的习惯，用言语进行表达，并予以强化。而这三项工作，归根结底都落实在第三项上，就是生产出一个新闻文本。这个文本，要力求"再现"事件的原貌，努力实现记者策划和选择的目标。

那么，记者是如何制作这个文本的呢？我们认为，记者在写作报道稿件时，利用了一种我们称为"新闻结构"的东西。这种"新闻结构"先于新闻文本结构存在于记者的头脑中。"新闻结构"可能来源于新闻教育，也可能来源于个体的新闻实践经验的总结，更有可能来源于"新闻共同体"长期交流而形成的共识。"新闻结构"就像照相机的镜头，记者正是通过镜头来完成对信息或事件的"再现"，被"再现"出来的新闻，就如同一幅有边框的照片。这个边框决定了读者能够看到什么，不能够看到什么。记者决定把什么内容收进边框中，同时也决定把什么内容排斥在边框外。记者不仅决定边框内应该放入何种事实，同时他还设置了边框的形状、新闻语言和词汇，制造了语境，以使其选择的事实被读者所理解。从一定意义上说，新闻结构就是一个新闻作品的主题或中心思想。由于事实具有庞大性，无法把握和全部记录，而放于边框中的事实是有限的，所以，记者的报道有时就会牺牲事实的全面性，而成为片面的真实。

纵观记者的生产行为，我们发现他面临两个方面的冲突。

第一个冲突来自信息源。记者是利用信息来编织新闻的，但这些信息绝大多数是间接获得的。记者亲历事件的情况不是没有，但这种情况并不多见，更多的时候还是要靠掌握信息的人来提供。沃尔特·李普曼（Walter Lippmann）在《舆论》一书中曾讨论过人和环境之间的"插入物"，他把这种信息环境称为"拟态环境"。记者制作一个新闻文本，就是要在事件与受众间创造一个"插入物"，以"新闻图景"方式刺激受众对事件做出反应。从一定意义上说，提供信息的人和记者的处境是相同的，他也是在事件和记者间创造出一个"插入物"，促使记者接受他提供的"新闻图景"，唯一不同的是，记者面向公众，他仅面向记者个人。记者与信息提供者的冲突，其实质在于：记者想要获取更多的信息，更想要获取自己想要的信息，然而，信息提供者却只能提供自己掌握到的信息，他也更想提供他想要提供给记者的信息。信息提供者努力使记者接受自己的成见，而记者却想过滤信息提供者的成见，尽最大努力接近事件真相。记者与信息源之间的博弈，往往处于弱势的一方，大多数时候他不得不屈从于信息提供者的立场、态度，任许多信息这一过程中流失。单信源如此，多信源更是如此。

第二个冲突来自新闻编辑。大众对于新闻编辑的认识，源于平面媒体时代，曾简单地将其日常工作概括为文字处理。这在纸媒时代是可以理解的，但在全媒时代，编辑已多样化，不仅有文字编辑，也有图片编辑、图像编辑，还有声音编辑，但无论是哪一种编辑，他们共同的日常工作，都是面对新闻文本，对新闻文本进行修改、加工。从这个意义上说，他自然地站在了记者的另一面。编辑带给记者的压力，主要表现在三个方面：首先是新闻文本选不选用，其次是怎么用，最后是新闻文本位置的安排。第一个方面涉及编辑对记者文本新闻身份的认定，是新闻，或不是新闻。严格来说，记者文本并不是我们通常所说的那种新闻，假如记者文本未被媒介平台发布出来，那它就不是新闻，只有当它被编辑"慧眼识珠"，纳入了发稿计划中，它才有可能成为现实的"新闻"。第二个方面涉及文本的样貌，通俗地说就是记者文本被编成了什么样子，删改得多还是少，对叙事角度改没改变等。这里面的根本问题是，记者通过文本建构的"新闻"图景，与编辑通过对稿件阅读建构的"新闻"图景在多大程度上是相似的。两个"图景"显示出的差异，足以说明记者和编辑使用的"新闻结构"各不相同，这在事实上确定了"新闻"的基本样貌。第三个方面涉及记者文本的地位，以报纸为例，这个文本被编辑放在了什么版面上，放在了版面的什么位置上。版面位置充分说明了文本的地位，若居于头条，说明文本呈现的新闻是本版最重要的新闻。

其实还有一种冲突，来自记者自身。记者制作一个新闻文本，受制于我们称之为"新闻结构"的东西。一个新闻事件，若以当事人、旁观者、赞同者、反对者、受益者、受害者中的某一边来着重叙述，就会产生完全不同的"新闻结构"。在具体写作中，记者通过选择不同的题目、采访不同的信源、使用不同的语境等把握报道的"结构"，所以，不可避免地反映出记者的偏见。这是其一。其二，"新闻结构"的形成还取决于记者个人的价值观、成长经历、认知水平，甚至采访时受到的待遇，也都会让记者产生不同的情绪，影响到他对"新闻结构"的把握。其三，记者是一个社会人，就像欧文·戈夫曼（Erving Goffman）所说，他在社会生活中担任着相应的角色，表演着他的人生。而这些角色，不可避免地会影响记者的行为。在这场自我冲突中，记者需要解决的基本问题，一是如何始终保持记者的身份说话，二是如何保持个人阅历与新闻同构，三是如何降低偏见带来的影响，寻求报道中的平衡。

（2）编辑

与曾经被称为"无冕之王"的记者相比，编辑显得籍籍无名。这一群人始终躲在新闻聚光灯后面，并不出现于社会公众面前。当一个"轰动一时"的新闻产生，人们高度关注的人物是记者。但在新闻生产中，编辑的作用却不容轻视。从一定意义上说，编辑是第一个向受众设置议程的人，对"新闻"最终成为受众眼中的"新闻"作用显而易见，"新闻"能"轰动"一时，说明编辑已成功地将受众的兴奋点引到了这个新闻上。

从新闻生产上说，编辑的主要工作无非是三项：选择文本、修改加工文本和安排文本。一个新闻文本能否从众多文本中被编辑挑选出来，取决于编辑头脑中早已形成的"新闻结构"；对文本的修改，编辑主要依据阅读文本时建构出的"新闻"图景进行；而对文本的安排，则基于编辑对文本新闻价值的判断。由此我们可以看出，编辑的生产行为面临两个方面的冲突：记者和把关人。

我们曾说编辑与记者间的矛盾，是永不会消失的矛盾。不过，在具体文本处理过程中，他们之间仍然存在沟通、交流和协商。在这个过程中，记者也会提出要求，在记者强有力的说服下，编辑有可能接受记者的意见。但总体说来，编辑与记者的地位并不是对等的，大多数时候是编辑向记者提出要求，比如补充事实、寻找资料等，或者批评记者缺少发现、叙事有问题，导致编辑工作量大增等。而对记者文本，编辑基本上是按自己的意图来处理的。一些记者想不通其中的道理，常常抱怨编辑听不进意见，批评编辑独断专行，甚至认为编辑水平低下，把一个"好"新闻编"坏"了，个人能力令人怀疑。新闻学院里的教师们常说记者代表公众利益，但在具体的媒介组织中，大部分记者仍然自觉不自觉地将自己看作是"新闻共同体"中的一分子。在这个"共同体"中的成员，在政治追求、教育背景、经济状况、家庭环境以及思维逻辑等方面，基本是相当的，因而容易形成共识，而达不成共识时也容易产生妥协。实际上，在一个布尔迪厄式的编辑部场域中，编辑和记者的冲突带有权力斗争的特点，而编辑权力的获得，是媒介组织赋权的结果。从权力关系上说，编辑处于更高的一个等级，其权力的绝对性更明显。所以，在记者与编辑的协商中，记者总是处于屈从的一方。

相对而言，编辑与把关人的关系要简单、明了得多，这是由媒介组织的权力结构所决定的。对编辑来说，把关人是上级，他们关于文本修改、安排的意见，是一种行政指令，性质是组织行为。由于二者在权力结构上处于不同层级，关系为从属关系，因此编辑的生产行为受到来自把关人的诸多制约。从组织管理上说，编辑执行把关人的指令是无附加条件的，即使是有不同意见也要执行。如果认为把关人的指令是错误的而拒不执行，从媒介组织角度来认识，则过错方在编辑。对把关人施加的压力，编辑当然会抗争。但我们必须认识到，由于地位并不对等，编辑与把关人间的沟通、协商并不会十分顺畅，其信息传递、反馈的机制带有很强的单向性。只有当编辑的"新闻结构"呈现出与把关人的"新闻结构"同构趋向时，他们间的交流才可能达到较为平等的状态。

当然，编辑也面临自身的冲突。在这种冲突中，编辑和记者的处境并无实质上的不同，于此不再多议。反倒是编辑与编辑间的关系，值得进行一番讨论。在编辑部场域中，编辑们的权利、责任、义务相当，思考的底层逻辑基本一致，没有和记者的分歧那么大，因此容易形成共识。所以，在新闻生产活动中，编辑与编辑间更容易协商，形成合作关系。从具体的生产行为上看，这是可以肯定的，但要是从编辑心理上来认识他们的关系，则会呈现出大为不同的情形。事实上，处于编辑部场域中的编辑们，却时常保持着一种竞争关系。这种竞争带有隐秘特点，许多编辑不一定会认同这一说法，他们会认为虽然都是编辑，但工作范围并不相同，形成竞争关系没有条件。然而，人总是会受到社会的影响并促成行为改变的。编辑的生产行为，由于社会评价而发生不同程度的改变。社会评价来自内部和外部，影响最直接的是编辑部场域内部，其直接后果，便是形成编辑们相互间的竞争关系。在一个具体的环境中，编辑间的竞争呈现出良性和不良性的两面。良性竞争有利于新闻生产和编辑的成长，能更好地促使编辑提高编辑水平，生产出更多品质优良的新闻产品；而不良性竞争有可能影响到编辑部场域中的人际关系，影响到与记者的关系，甚至还可能阻碍新闻生产能力的提高。

（3）把关人

把关人在此是一个笼统的说法。一般来说，媒介组织对把关的认识是全流程的，对记者、信息采集部门负责人等，都有把关的要求。编辑也是把关人之一，通常我们所说的"三审三校"，其中一审就由编辑来完成，所以从"把关"的意义上说，编辑并不仅仅对文本的文字、图片、图像、声音负责，也不仅仅对"纯粹"的新闻负责。在曾经十分流行的采编合一模式中，编辑被直接赋予了组织采访、策划选题和指导记者的职责，其实际角色是某方面或某小组的负责人。而在采编分离模式下，编辑接受媒介组织的指令，服从于新闻规制、意识形态等方面的要求来开展工作，履行岗位生产职责。这都是编辑权力的重要来源之一。

我们认为把关人是一个集合概念，它代表的是一群人。和其他社会性组织一样，媒介组织也存在着明确而且极为稳定的等级关系。具体的把关人分布在新闻生产流程的各个环节，分属不同的等级。把关人的权力源于媒介组织，媒介组织赋权的机制决定了各个把关人权力的大小。而媒介组织之所以具有这样的权力，则是组成媒介组织的成员共同赋权的结果。我们说，新闻是斗争和妥协的产物，最充分的理由就是，把关行为无处不在，各种沟通、交流、协商和冲突，呈现出异常复杂的局面；各种抱怨、体谅、和解和妥协，对新闻生产构成的影响千变万化；甚至各种利益交换，包括经济的、行政的、社会的利益交换等均充斥其间，而最终呈现在媒介平台上的"新闻"，便是这些因素综合作用的结果。

在这一群体中，最具代表性的把关人是编辑部负责人和总把关人。下面我们简要讨论一下他们在新闻生产流程中与上下层级人员的关系。

尽管各个媒介组织给予编辑部负责人的工作任务并不完全相同，但从一些媒介组织具体的运行中，我们却可以观察到，编辑部负责人最核心的职能，是对当天媒介议程的设置负责。以报纸为例，对编辑选择并提交上来的稿件，编辑部负责人可能也会进行修改，包括文字表达、叙事方式，甚至重新制作标题、对文本进行再次编码；对具体版面上稿件的安排也会进行调整，将一些稿件从版面中突出出来，将另一些稿件弱化下去，但这些工作都不能被视为编辑部负责人的主要工作。编辑部负责人每天必须要做的一件事是，把当天所有的稿件合理地安排到合适版面的合适位置上去。编辑部负责人决定了什么样的稿件上头版，什么样的稿件只能放在二版或三版，同时他也决定了当天最重要的新闻是什么新闻，被放在头版头条上。由此我们可以确定，编辑部负责人最核心的职能，就是依据媒介组织的意图，对议程进行设置。

编辑部负责人的核心职能奠定了他的权力基础。在媒介组织权力结构中，他处于枢纽位置，在权力传送过程中，具有上传下达的作用。因此，编辑部负责人和编辑的关系，最直观地表现为指令下达的过程，也就是对编辑赋权的过程。对编辑部负责人来说，编辑是直接下属，他传达指令，编辑执行指令。他要求某个编辑调整版面、把某个稿件调度到某个版面，或者甚至要求编辑自己动手重新制作某篇稿件标题，都是在尽岗位职责，是在完成工作任务。编辑接受指令处理稿件，也是尽岗位职责，完成编辑的工作任务。当然，我们也不能把编辑当作一个木偶，任何时候、任何情况下都只能被动地工作。正如我们在上面讨论过的一样，编辑会有反弹，会起而抗争，但这种行为并不能被视为完全的交流、协商，它的性质更像一种建议，未获认可的情况下，不具备可执行性。

我们把媒介组织中对新闻发布拥有最终决定权的人称为总把关人，一般而言，是指一天里对新闻进行签发的人。通俗地说，是他给当天的新闻发了"出生证"。总把关人代表媒介组织执行这一组织所拥有的权力，所以，"新闻"最终成为受众看到的新闻、最重要的新闻最终是哪一个、各种新闻的秩序如何等，均取决于他对新闻的认识和他执行媒介组织权力的力度。对总把关人而言，虽然他也居于权力传送的一个枢纽位置上，但媒介组织并不是一种具体可感的实在之物，大多数时候仅以会议、制度或行动方案的形式存在，因此，媒介组织发出的指令是虚化的、意愿或意图性的。就此而言，总把关人与媒介组织间构不成一种现实的从属关系，也不会因此而导致实际的冲突。所以，总把关人真正需要处理的关系，是他与编辑部负责人之间的关系。

总把关人和编辑部负责人的关系，与编辑部负责人和编辑的关系极其相似。总把关人发出指令，编辑部负责人接受指令并执行指令，权力的指向十分明确。但也有不同，一方面由于媒介组织发出的指令是虚化的，总把关人向编辑部负责人传达的指令便带上了更多的个性化色彩；另一方面，编辑部负责人反馈给总把关人的意见，有可能是他个人的，但也有可能是代表编辑部的集体意见，这样一来，编辑部负责人就有可能从中获得更大的权力，改善被动的地位，增添抗争的底气，这就导致了实际冲突的发生。追问构成冲突的根源，我们会发现来自两个方面的事实：一是对新闻的认识存在差异，两人所使用的"新闻结构"不同；二是立足点不同，二者在议程设置的重点上会出现偏差。简而言之，虽说都代表媒介组织在设置议程，但总把关人侧重于议程设置的社会效果，而编辑部负责人则侧重于议程设置的精细度。在具体的把关行为上，编辑部负责人肯定需要显示出个人风格，不过，他也必须清醒地意识到，虽然总把关人的行为表现出较强的个性化色彩，但实际上他并不代表个人，而是代表着媒介组织。若编辑部负责人运用个人风格无所顾忌，一味强化抗争力度，这必然会导致越权行为发生。

(4)　媒介组织

通常，我们把一个媒介组织生产的行为，称为报道计划或者报道安排，有时我们也称其为新闻策划。在过去的很长一段时间里，公众会说"新闻是记者炒出来的"，这在一定意义上是对的，新闻与"炒"的确存在无法撇清的关系，从新闻被策划这一生产行为即可知。对媒介组织而言，可以没有重要的事件，但不可以没有重要的新闻。而这个重要新闻，则是媒介组织按照自己对事件的认识和判断所确定的，这就是新闻策划的本意。从本质上说，制订报道计划、对报道做出安排或者进行新闻策划，都是媒介组织议程设置的组成部分。

新闻媒介最重要的功能之一，就是针对公众进行议程设置。想一想我们组织开一个会是一种什么情形，我们就不难知道媒介组织在如何进行议程设置。我们准备一个会议，会制订出一个会议日程表，将要讨论的事项列入日程表中，开会时，便按顺序一一对议题进行讨论。实际上，列入会议日程表中的议题，并不是随手写来，哪一个议题放在前，哪一个议题放在最后，而哪个议题需要进行重点讨论，包括谁在什么议题上发言、谁需要做重点发言等，在事前都已有考虑。媒介组织的议程设置，就是通过报道什么、突出报道什么、头条选择什么，决定什么样的新闻是重要新闻、什么新闻应该获得公众的关注。媒介组织对议程进行设置的意图并不单纯，它不仅引导公众关注某个议题，也引导公众以什么样的视角来关注这个议题；它不仅设置出一个中心议题，而且还设置了归因关系，暗示出了议题涉及的责任之所在。

学术界最早提出议程设置理论的人，是传播学者马克斯韦尔·麦库姆斯（Maxwell McCombs）。在此以前，人们已经发现，媒介可能无法影响人们怎么想，但却可以影响人们去想什么。从新闻生产的角度来看，我们与其说麦库姆斯建构了一种理论分析工具，倒不如说他发现了媒介组织生产的秘密，或者说他对媒介组织生产新闻的经验进行了有效的总结。事实是，媒介组织对议程进行设置的行为一直都存在于新闻生产活动中。

　　媒介组织针对公众设置议程，很有可能是对社会舆论的一种自然反应，也有可能是对市场的一种策略性应对。我们知道，社会舆论的本性就是要形成公众关注的焦点。在社会舆论场中，媒介组织似乎只能通过议程设置，才有可能抢夺到话语权，形成更大的社会影响力。但是，无论媒介组织设置议程的最初动机是什么，它都建立在两个基础之上，一个是媒介组织的定位，一个是它的发展战略。媒介组织的定位，决定了它设置议程的社会领域和大致的范围；媒体的发展战略，则决定了它设置议程的密度和强度。

　　从具体的生产行为上来说，按实施时间的长短加以区别，媒介组织的议程设置至少有两种类型：一种是日常型，另一种我们姑且称之为目标型。从媒介组织的常态运行中，我们轻易地就可以观察到，媒介组织每天都在进行议程设置。在讨论新闻生产中的个体行为时，我们已经涉及三个层次的日常议程设置行为：普通编辑在自己主导的版块上，编辑部负责人在他管辖的平台上，总把关人在媒介组织拥有的所有平台上。这三个层次的议程设置，都不同程度体现了个体生产者的个性化色彩，呈现出个人化的意图，但归根结底，他们也都统一在媒介组织的"新闻结构"之下，最终表现为媒介组织的议程设置。这是就一天的时间而言，如果立足于一个较长时间段来看，我们还会发现，日常议程设置并非杂乱无序、毫无章法，它是围绕着一个"目标"进行的。这个"目标"或许有些隐隐约约，但确实是存在的，从新闻策划中可以看到，从年度报道计划中也可以看到，从媒介组织的发展规划中仍然可以看到。如果说太长时间段中的议程设置具有隐性特点，但在一个具体的新闻策划中，即使时间跨度达到一年或超过一年，其议程设置都是现实的，例如一些专栏便是如此。

可以肯定地说，公众关注的焦点、热议的话题随时都会改变，但对一些涉及根本的议题，媒介组织进行议程设置的行为将不会发生改变。媒介组织日常型的议程设置，更多地注重议程设置的广度，议题涉及多，密度也较大，就单个议题而言，着眼点则在议题的精细程度上。而对较长时间段中的议程设置，媒介组织可能更强调议程设置的强度，注重设置议程的节奏，也就是我们通常说的，报道要把握好分寸感，什么时候抛出议题，什么时候报道要及时，什么时候报道必须要延缓，什么时候要"密集轰炸"，什么时候要"枪声零落"。在目标型的议程设置中，这能充分显示出一个媒介组织的生产能力和生产水平。

对一个具体的媒介组织来说，其生产能力和生产水平总是受内生动力推动而不断发展，但与此同时，一些内部因素例如利益冲突等，也给它带来明确的压力，挫伤生产者的积极性，削弱组织的内生动力。因此，媒介组织总是在建立不同类型、不同作用的内部机制，并通过这些机制的统筹、调解功能，不断将各种冲突调适到合适的状态，以适应组织正常运行，而不致给生产能力和生产水平带来巨大的冲击。总体说来，媒介组织受到内部的压力并不那么明显，即使这个组织已经表现出老化的迹象，但它带给具体生产者的焦虑，仍然不足以威胁到这个组织的正常生产。

在化解内部压力的同时，媒介组织也需应对来自外部的压力。最明显也最直接的外部压力，来自其他媒介组织：同城媒体；同类型媒体；在一个具有明显层级关系的媒介生态环境中，还包括更高层级媒体。外部压力根源于媒介组织的利益诉求，由于都在不遗余力地追求各自的利益，包括政治的、社会的、经济的等各种利益，媒介组织相互间发生冲突、形成竞争关系便不可避免。

通常情况下，媒介组织不会使用过于直接的手段来应对这种局势，而是通过新闻生产间接达到自己的目的，其实现的具体途径，往往与媒体议程相关联。媒介组织通过设置出比竞争对手更好的议程，或者通过改变议程设置节奏、密度和强度，制造新闻热点，诱导受众聚焦，让自己居于社会舆论的中心。实际上，一个媒介组织之所以要确保自己在舆论场上的优势地位，最根本的原因是通过话语权的抢夺，建构更大的社会影响力，也可以说是在打造媒体品牌。不过，媒介组织间的相互竞争，也是利益与风险共存。有利的一面是，在实现部分利益的基础上，这种竞争也促使新闻生产进一步发展，新闻品质不断获得提升；不利的一面是，它也有可能推进新闻生产的无序化，造成资源浪费，更可能使竞争持续恶化或虚假信息泛滥，致使公众对媒介组织的信任度降低。

3. 影响新闻生产的社会因素

媒介组织的生产行为，会受到多种社会因素的影响，主要的原因在于，它存在于一个具体的社会环境中，不管是媒介组织本身，还是受雇于组织的成员，都在复杂的社会系统中建立了错综复杂的社会关系。这些关系，对组织、对成员都构成或显或隐的影响，并体现于新闻生产的具体过程中。

于此，简要地讨论一下其中几个较明显的因素。讨论的目的不是要说明它们对新闻生产的具体影响是怎样的，而主要是为了明确一个可以深入讨论的空间。

（1）**新闻教育**。一个新闻是否重要，直接源于新闻生产者对其价值大小的判断。而这个判断之所以能够产生，在于其有预设的标准。符合相关标准的才是新闻，具有相应的新闻价值。那么这些标准是怎么来的呢？显然，新闻学院是其中最重要的一个源头。新闻学院教会学生新闻学常识，让学生接受新闻规范，给学生传授如何训练判断能力、如何进行信息采集、如何进行新闻写作等种种经验。新闻学院通过模式化、格式化的塑造，建构学生的新闻价值观，强化学生的新闻意识，形塑学生的新闻立场。实际上，新闻专业的学生，是从新闻学院那里接受了一个关于新闻的标准体系。当他进入新闻生产领域，面对具体的新闻事件时，他利用这个标准体系，可以更方便、更快捷地进行判断和选择，并按已经固化的叙事模式进行快速表达。除了新闻学院，媒介也是一个源头。阅读媒介文本也是获得新闻教育的一个重要方式，从某种意义上说，媒介文本更形象地展示出了新闻的标准体系。通过文本阅读，媒介从业者能更现实地把握媒介长期以来形成的诸多规矩，让他清楚自己的价值判断与文本所呈现的价值判断差别在哪里，从而不断地修正自己关于新闻的标准。还有一个源头是同人，有可能是同事，也有可能是身份、角色类似的同道，在共同参与的新闻实践活动中，更有经验的媒介从业者通过言传身教对后进进行教育，例如告诉后进者进入新闻事件的角度、事件细节的选取与舍弃等，帮助其确立适应现实需要的关于新闻的标准。

（2）**社会偏好**。社会流行或者时代风尚构成社会偏好。社会偏好不一定意味着它体现出社会发展的大势或趋势，然而它的确会深刻地影响受众的阅读口味。在最极端的情况下，例如大众传播时代的追星、互联时代的网红等，社会偏好甚至还影响到了受众思考的底层逻辑以及他的个人行为。对新闻生产者来说，关注社会发展进程、从社会变迁中寻找时代的声音，是应尽的职责和义务，因此追踪、报道一段时间中的社会偏好，被视为题中之义。问题的关键在于，我们是否需要迎合受众的口味？社会偏好对新闻生产之所以构成影响，根本的原因是，媒介组织的生产从来都不是为了自娱自乐，它受到利益的强力驱动。这些利益中，经济利益是最主要的驱动力，当然也包括政治利益、社会利益等。我们知道，利益源于影响力，受众数量是媒介组织影响力的显性指标，而受众的阅读口味决定着受众的数量。这样一来，在追逐利益的过程中，媒介组织必然策略性地对新闻生产提出要求，其目的是既要让新闻产品抵达消费者手中并被消费者适时消费，又要始终保持着引导舆论的姿态，所以在具体个案中或可见的层面，新闻生产对受众口味呈现出了更强的迎合态势，新媒体时代尤其如此。

（3）**伦理约束**。媒介伦理学专门研究新闻生产中的伦理问题，于此我们不打算进行过多的讨论。大致说来，伦理对新闻生产会在三个层次上体现它的约束作用：首先是在新闻文本上，它要求文本呈现的内容符合伦理要求：涉及的人，从语言到行动，都能与社会对伦理的规范相一致。也就是说新闻事件涉及的人，所说的话可能与伦理构成冲突，所做的事可能触及伦理禁忌，记者必须保证这些不良信息不出现在文本中。其次体现在新闻生产者个体层面上，记者可以采写任何事件，但它对这一事件必须要有明确的伦理态度，其所持的伦理观念不至于引发违反伦理规范的争议或猜忌、怀疑，新闻叙事方式也符合伦理表达的基本要求，例如对公众普遍感到恶心的人或者事件，你不能用欣赏的眼光来看待，更不能用赞叹的语言来表达。在一些典型的场景中，例如突发事件的现场，记者是先救人呢，还是先进行采访？一些人认为，救人不是记者的职责；一些人更提出，采访要体现新闻的职业精神。最后，体现在新闻的最终呈现上。我们曾经说过，最终被呈现的新闻，是由一个"新闻共同体"所生产的，因而在这一层面上的伦理立场，代表着媒介组织的伦理立场。因此，媒体在报道题材上要体现伦理选择，保持伦理底线：对有伦理风险事件的报道要有高度的伦理警觉，坚持与人为善的原则；对惨绝人寰的新闻事件进行报道时，要坚守基本的伦理立场，展示同情、悲悯的人世情怀；对美好要表现出赞赏，对丑恶要表现出厌恶，等等。最经典的一个案例，是那个在非洲拍摄了一只秃鹫站在一个躺倒在荒凉土地上、骨瘦如柴的小男孩旁边、等待着奄奄一息的孩子死去图片的记者，在这张令全世界都异常震惊的图片获得国际大奖后不久，由于内心倍受折磨而选择了自杀。社会对记者并未进行道德审判，反而以给予荣誉的形式实现了伦理调解，然而记者本人未能接受社会的道德支持，却在自身的伦理冲突中逐步迷失。伦理约束并不像法律那样体现为一种现实的威严，但伦理行为失范仍然会对精神世界构成重大影响。

（4）**文化认同**。一些学者认为，人是被建构出来的。如果从文化的角度来讨论人的问题，这种说法并非完全不能成立。文化具有个性，具体表现为民族性。可以想象一下，小时候我们从家庭接受教育，进入学校后我们接受老师的教育，出身社会后我们不断获取社会的教育，从出生到成长为一个有思想的人，我们是不是每天都在被我们的文化塑造着？构成我们思想的全部基础，是不是以我们的文化为土壤？即便在接受过高等教育以后，我们接触也了解到了一些其他的民族文化，但民族文化是不是我们无法改变的底色？文化构成历史记忆，文化形成社会习俗，浸透了当代日常生活的角角落落，所以人被文化建构是一种难以摆脱的宿命。实际上，文化为人所建构的，是一套严密的知识体系。文化对于新闻生产的影响，在于它建构了新闻生产者的意识形态基础，形成了他们的底层思维，也决定了他们价值观的基本取向。从具体的新闻活动中，我们不难观察到，面对同一个新闻事件时，对拥有相同文化身份的新闻生产者而言，文化素养决定了各自产品的成色。实际上，文化作为民族知识体系，不仅建构个体的世界观、价值观，它也建构个体的文化气质。总之，文化深刻地影响着个体格局的形成。虽然文化身份相同，但个体受经历的制约，对文化传统的认识、接受程度会产生巨大差异，因此也就形成了个体的不同格局，正是这种格局的不同，带来了新闻产品品质的不同。对拥有不同文化身份的新闻生产者而言，他们的态度、立场、认识方法、进入角度以及表达习惯等，都会呈现出文化影响的深刻痕迹来，他们写出来的报道会体现出本质上的差异。文化与文化间存在壁垒，因而文化易使人误读，易造成曲解，也容易带来分歧。

4. 新闻生产的自我控制

一些新进入新闻生产领域的生产者，会以为记者可以"为所欲为"，尤其是在传统媒体发展的黄金时期，"新闻专业主义"盛行，人人都抱有"新闻理想"，动辄就要将人"曝光"。这实在是对这个行业的误认。

毋庸置疑，"新闻人"是需要理想的；从事新闻生产，当然也需要有专业精神。但是，当我们理性地认识新闻生产活动时，我们就会发现，新闻生产只是社会生产的组成部分，"新闻理想"需要安放在社会的"天空"下，"新闻专业主义"要体现在对社会的全面认识上。

实际上，从一开始，新闻就不是个体生产行为的结果，而是有组织生产的产物，所以，新闻生产受媒介组织的控制是当然的。这不仅是因为它设立了自身价值标准，同时它也还有自己的利益诉求，在政治层面、社会层面以及经济层面，媒介组织都有明确的目标。即使是生产者个体，他也建立起了自己的价值判断，所以他会实行自我控制，不会放弃自我检查。

下面是我们对新闻生产实施自我控制所做的一个简要讨论。

媒介组织对新闻实行的内部控制，集中表现在它们所制订的规章制度上，实际体现于制度的具体执行中。这些规章制度或者挂在工作场所的墙头上，或者收入媒介组织出版的制度汇编中，它们较为全面地反映了行业管理部门或主管机构对新闻机构、新闻生产实施管理的基本精神，向新闻生产者提供了成套的、具有体系化特征的明确信息。就此而言，媒介组织制订规章制度，不同文件对要求进行条款化时，要相互补充、互为支持，并以此构成制度体系。制度建设中最容易产生的问题，莫过于条款互相冲突而难以执行。除采编业务采编管理制度以外，媒介组织也采取召开会议、传达文件精神或口头提出要求等形式，来实施新闻内部控制。

媒介组织通过管理实现新闻生产自我控制的方式是多层次、多侧面的，我们着重讨论制度形式。通过粗略的观察，我们发现媒介组织制订的规章制度有三种基本的类型，分别作用于不同时间段和权力结构层。

第一种类型，我们可以称为基本制度。这一类型的制度是媒介组织制度的底层设计，代表着新闻控制的基本层面，例如我们常见的"新闻工作者基本守则""采编岗位职责"等，"守则"是给各个新闻生产者个体确立工作的基本原则，违反这些原则意味着新闻生产者在身份认同上发生了背离，会对个体身份构成威胁。"岗位职责"是为新闻生产者确立工作范围，告诉编采人员"你该做什么，不该做什么""你能做什么，不能做什么"。我们曾说过新闻生产者在组织中的权力是媒介组织赋权的结果，准确地说，媒介组织赋权的对象，并不是生产者个体，而是其所在的岗位。所以，任何超过岗位职责行使的权力，都构成了越权。媒介组织正是通过规定岗位的工作职责、权利与义务，利用组织的赋权功能，对新闻生产实施了有效的控制。

这类制度，最明显的特征有二：一是具有长效性，一是具有共同性。长效性意味着，在很长的一个时间段中，这些制度中的规定都不会改变，不管媒介组织行政负责人是不是已经换届，其制度精神都将被沿袭。共同性意味着，在一个具体的媒介生态环境中，各个媒介组织的基本制度不会出现巨大差异，仅仅只在具体条文的表述上有所不同。

第二种类型，我们可以称之为时间效用型制度。这种类型的制度，通常我们称之为措施、若干规定或办法等，它们的效用与时间关系极为密切。也就是说，就单个制度而言，它是在某一个时间段中制订，并在这个时间段内发生效用。一般来说，时间效用型制度在执行上具有短时性，这是由它们自身的性质所决定的，因为制订这些制度的目的，本来就是为了应对生产形势中出现的新情况、发生的新变化。所以，对新闻控制而言，这些制度可以被视为是对更高层级新闻管控的策略性反应，它能很好地测试媒介组织对新闻控制的灵敏度。

第三种类型，我们可以称之为刺激型制度，包括正向刺激和反向刺激两种类别。这类制度最典型的是绩效考核制度、新闻奖励制度、责任事故处理制度等。一些人或许认为，绩效考核直接与收入挂钩，不过是个干多干少、干好干坏的评价问题，怎么能和新闻控制产生关系？其实，每个媒介组织都把绩效考核制度视为其最核心的制度之一，根本的秘密在于它是一种分配机制，它既分配权力，也分配利益。所以，从表面上看，我们是获得劳动报酬，劳动得多报酬就多，但是一个具体的产品值多少钱，却取决于这个产品在评价标准体系中的等级。而这个标准体系下的各种标准，正是媒体组织用以控制新闻生产者个体生产行为的关键。媒体组织利用这些标准，固化产品的基本形态，告诉生产者个体应该写什么、怎么写、写成什么样，当生产者个体将这些标准内化，生产行为向评价体系不断趋近时，隐藏于标准中的新闻价值观就会发生作用，媒介组织对于新闻生产的控制遂得以顺利实现。新闻奖励制度、责任事故处理制度等，其作用于新闻生产的机制，并没有很大的不同，只不过前者为正向刺激，后者为反向刺激，本质上都是媒介组织实施新闻控制的一种方式。

5. 新闻生产的社会控制

新闻生产不仅会受到媒介组织的控制，同时也会受到社会的控制。相对于媒介组织的自我控制，社会控制是间接的或者隐性的。从控制形式上说，带有传导性质，它利用一些特殊的手段或办法，作用于媒介组织，将它的新闻需要和立足于这种需要而建构起来的新闻价值观传导至新闻生产者个体。媒介组织之所以愿意接受这些控制，全因为它们与社会各方面存在利益交换，而这种通过交换获得的利益，又是媒介组织所必需的。社会控制来自社会的多个方面，我们仅选择了管理机构、新闻政策和法律法规三个方面，来进行简约的讨论。

（1）管理机构

媒介组织必然地从属于一些社会性组织。这些组织，可能是经济性的，也有可能是政治性或行政性的。可以肯定地说，真正的、完全独立的媒介组织是不存在的，这是由媒介组织的社会特性所决定了的。管理机构对媒介组织负有管理责任，但它并不就媒介组织生产什么、怎么生产下达行政性指令，对新闻生产进行直接干预。管理机构实施的新闻控制是指导性的、原则性的。

我们以地方性报纸为例，来看一看管理机构如何行使新闻管控的权力。在我们的地方性报纸的报头下，往往明确地标明：地方党委政府主管主办。从经验角度进行的观察表明，地方党委政府从来不制订具体报道计划交给报纸来执行，也从来不就具体事件给报纸下达报道任务。一般来说，地方党委和地方政府会确立当前的中心工作和重点工作，由职能部门共同执行和实施。而这些中心工作、重点工作影响到社会的各个层面，也让社会生活产生巨大的变化，所以媒体关注这些是理所当然的，否则，媒体就不是一个尽责的媒体。从新闻报道实践来看，这些中心工作和重点工作总是反映在报纸的议程设置上，而且报道节奏、报道力度和密度都与其工作的性质相匹配。这说明，报道要"围绕中心、服务大局"并不是一句套话，而是报纸对社会公众对报道期盼的实实在在的呼应，并且把管理机构的意图传导到了采编人员个体上。

在另一种路径上，地方党委分工宣传部门负责指导报纸开展报道工作,这种指导性质上也是宏观的,但看起来要具体、直接一些。宣传部门通过年度工作方案或专题会议的形式将报道引导到某个方向上或某些区域内,同时还建立起一些工作机制,例如"新闻早餐会""新闻阅评"等,对新闻工作进行讨论和评价,进而影响报纸议程设置或对议程设置进行修正,从而更好地实现对报纸新闻生产的社会控制。

(2) 新闻政策

如果有《新闻法》,那么新闻政策会在其中获得最全面的展示。在《新闻法》未颁布的情况下,新闻政策能对新闻生产发展做出最好的指引。从这一点上说,新闻政策施加的控制也是指导性的,但它比管理机构的管控更为宏观,是立足于产业发展而进行的。新闻政策的指导在时间上也比管理机构的指导要长得多,一般而言,管理机构更着眼于一个时期的工作,有时甚至仅着眼于一项具体的工作,显示出持续性差、易变的特征,但新闻政策截然不同,它十分稳定,持续性良好。仔细考察,我们还会发现,新闻政策立足于新闻产业而制订,它针对的并不是某一媒介组织的生产,而是在一个媒介生态环境中所有的媒介组织的生产,所以,新闻政策事实上为媒介组织的发展确立了基本的规则。它试图告诉媒介组织:应该怎样组织生产。而其隐含的意思则可理解为:如其不然,媒介组织就可能失去什么。因此,新闻政策对新闻生产的指导,一面表现为要求,一面体现为规范。

新闻政策发生较大的变化,与社会变革高度相关,最近几十年中我们的新闻政策发生的几次变化,就是如此。在"事业单位企业化管理"时期,经济改革正在逐步深化,新闻产品的供需关系出现不平衡,因此极需最大化地提高新闻生产力。在"采编经营两分开"

最早提出来的时期，改革获得明显成果，经济出现高速增长，受此影响，媒介组织与社会各方的利益输送也出现了不良倾向。在"媒体集团化"时期，社会主义市场经济的发展更加成熟，经济规模已十分壮大，市场主体间的竞争已演变为规模化竞争，在这种发展态势下，弱小的市场主体必然面临淘汰的命运。所以，媒介组织若要获得市场地位，壮大规模便成一种必然的选择。在"移动优先"时期，互联网获得高度发展，信息移动使用成为普遍，社会秩序迎来重建，所以，"媒体融合改革"上升为国家战略，融媒体中心建设方兴未艾，融合新闻成为潮流。

（3）*法律法规*

从根本上说，法律法规为社会上所有的人划出了一个行为的边界。这从一定意义上说，"新闻人"作为"社会人"中的一员，所有的行为，包括报道新闻的行为，均不能超出法律法规的规定。这也意味着，新闻生产个体"什么是能报道的，什么是不能报道的"是有明确界限的，这同时也让媒介组织清楚地知道：新闻生产是有禁区的，越过禁区必定会"触雷"，将会受到法律的制裁。法律是威严的，呈现于人面前的面孔，任何时候都具有警告性质。在法律面前，新闻生产者个体和媒介组织，都没有例外的权力。

法律法规对新闻生产的深刻影响，源于它代表的是国家强权意志，既作用于生产者个体，又作用于媒介组织。正是这种双重作用的发挥，我们可以看到，法律对新闻的控制是极其有效的，所以，我们报道涉及未成年人权益的事件时，图片、图像都打上马赛克，因为这触及《未成年人保护法》设置的底线；报道刑事案件时，我们把涉案人称为"犯罪嫌疑人"，改变了很早以前称为"该犯"的做法，因为《刑事诉讼法》规定，在法院定罪之前，他并不是一个罪犯，作为一个普通的社会人，我们并不能因他涉案而剥夺他的基本权利。

一般说来，新闻生产者个体和媒介组织对法律涉及国家、政权根本的规定，态度都是十分明确的，执行起来也极坚决，例如对意识形态安全、国家安全、政体性质、军事机密等，这不仅是因为违法成本高昂，也还因为新闻生产者个体和媒介组织对自身身份的设定，这种身份意识是基于国家认同、民族认同而形成的。

法律对新闻生产施加的影响，在经济和民事方面看起来要弱一些。在新闻实践活动中，媒介组织因广告合同纠纷或因损害权益人的经济利益而被告上法庭的情况并不少见，而记者因为报道使人名誉受损或侵犯当事人姓名权，或因报道立场有意无意偏袒一方致使损害另一方利益而成被告的案例也很常见。当然，法律的公正在于，它并不会因为媒介组织和新闻生产者个体的行为是基于公众利益就对他们"法外开恩"，所以一旦违法事实被认定，该判刑的就要判刑，该给予经济赔偿的就要按期赔偿。

出现上述这种情况，重要的原因不在于法律控制的强度不够，虽然法律任何时候都会存在规定不明之处，但媒介组织和新闻生产者个体法律意识不强往往是主因。媒介组织也好，新闻生产者个体也好，对法律的认识有偏差，对法律知识的掌握有欠缺，都会导致法律意识弱化，从而引发新闻"官司"。相对而言，这在社会新闻报道领域尤为明显。

三、新闻产品：从客观性认识新闻的文本特性

作为一种新闻观，"客观新闻"理论在西方新闻学史和新闻学研究中一直很有市场。20 世纪 30 年代以前，在美国，它处于绝对统治地位，其后虽随着社会生活的变化而有所改变，但它仍然是新闻思想中的主流观念。

所谓客观新闻，有时被称为"纯新闻"，有时又被人们叫作"新闻客观主义"，表现在新闻体裁上，有时又被人专门用来指称消息。客观新闻理论主要的思想，被西方新闻学者表述为"不党不私""不偏不倚"，是纯客观呈现出来的东西，具有超阶级、超党派，甚至超个人的性质。[①]换句话说，就是"新闻就是新闻——说了些什么，谁说的，在什么地方和什么时候说的。所有的评论都应有出处，作者不应在新闻中表达自己的意见"。[②]或者"记者的责任，就是把发生的事情写出来，而不加任何评论"。[③]有的新闻学者更把新闻的客观性表述为："当一条新闻能够被某些原始的记载加以对照证实，那么它是客观的。"[④]在西方新闻学者就客观新闻所做的论述中，我们不难发现，当新闻处于被受众接受的视野时，新闻是被置于"接受临界点"上的一个东西，就仿佛一片未曾被触摸过的远古时代遗留下来的化

石，找不到任何被人染指的痕迹。

应当说，新闻是有其客观性的，强调报道要客观公正，这也是需要的。但是，把新闻的客观性推向极端，就像"客观新闻"理论所标榜的那样，是不必要的，也是不可能的。本文拟就新闻客观性在新闻实践不同层面上的含义进行一番讨论，理清"客观新闻"与"新闻客观性"的区别，以说明客观性在新闻实践中的作用。

在进行讨论之前，让我们首先对"客观"一词做一个术语学的界定。我们所说的客观，有两层含义：在意识之外，不依赖于主观意识而存在的东西或事物。在新闻中，它指的是新闻事实：事件、信息或者材料等；按照事物的本来面目进行考察、反映、表现，而不加个人偏见的方法。[5]在新闻中，它指与新闻报道相关的人在新闻生成中所持的态度以及所使用的方式、方法。从某种意义上说，我们对"客观"一词的使用，带有美国普通语义学家柯日布斯基的普通语义学特征，但不完全是相对主义的。[6]

1. 新闻提供者：在事实与谎言之间

有没有一个（条、组）新闻，可以被当作纯"客观"的新闻呢？按照我们的理解，如果有，那它一定是纯粹理论意义上的。作为一种绝对的存在，它很难在实践的意义上加以证实。在这里，它所涉及的第一个问题是：新闻提供者如何把新闻事实本身原封不动地（客观地）呈现在新闻采集者的面前。在这个关系式中，我们已经自然而然地承认了"客观"一词中第一层的含义，但在第二层的含义上，我们还有些犹豫不决。

从发生学的角度来看，新闻（一条或一组）之所以能够生成，首先必须存在一个新闻源或者说信息源。但对采集者来说，新闻源是外在于主体的，也就是说，新闻源并不是新闻采集者自己身上发生的，至少绝大多数情况下，两者并不是统一的或者同一的。因此，在新闻源与新闻采集者之间，存在一个中介，我们把这个中介称之为新闻提供者。正是由于新闻提供者的存在，新闻生成过程中就存在着客观性和主观性的分裂，或者说，至少在大多数情况下，这两种性质的作用是有差异的。

这一点应该说不难理解。作为新闻提供者，当他面对新闻事实的时候，或许他能够在大脑中生成新闻事实的客观镜像，然而，当他并不是作为一个新闻事实的完全享有者时，当他要向新闻采集者提供新闻事实时，由于思维和语言的局限，即使他愿意以客观的态度来呈现，即不带任何立场、党派、好恶等倾向性色彩，但他仍然会受到对新闻事实认知的干扰，在对新闻事实加以概括、综合或进行条款化整理的过程中，其主观色彩依然会很浓。因为这个过程，其实本身就是一个主观化的过程，个人主观性必然起作用。而在这个过程中，新闻提供者个人的历史、文化的积累、语言的修养以及其选择的呈现方法、叙事的角度等因素，都会综合地影响到他所提供的新闻事实。用普通语义学派典型的叙述来说，从新闻事实发生到新闻提供者呈现出镜像再到新闻采集者接受时，新闻事实已然从新闻事实 1 经新闻事实 2 到达了新闻事实 3，也就是说，最初的新闻事实已因新闻提供者的介入而产生了变形或扭曲。不管这个新闻提供者是一个人或是一个机构，其情形都不会有什么不同。"客观新闻"所要求的客观，正是在这一过程中被逐渐削弱甚至被消解了的。

客观性不断地被消解的情况，在新闻事实是新闻材料复合体时，情形就更加地杂，它能被新闻提供者呈现，还要受到新闻材料挑选、新闻材料先后顺序及不同组合形式的制约。在这里，我们可以看到新闻真实性问题是如何产生的，人们对新闻真实性的争论为什么会如此多。可以说，现象真实与本质真实的问题，在这里与新闻的客观性是同一类型的问题。

现在我们回到对新闻客观性的论述上来。我们认为，新闻的客观性是必须的，但是，它不是客观新闻意义上的"客观"。在新闻提供者这里，新闻的客观性只表现为：（1）新闻事实是客观存在的；（2）新闻提供者对新闻事实的呈现必须采取客观态度。也就是说，新闻事实在被提供者呈现时，它是发生或正在发生的事实，不能捏造；新闻提供者可以有自己主观的态度和愿望，但他不能够隐瞒或忽略事实中的重要因素。

2. 新闻采集者：在轻信与自信之间

在上一节中，我们对新闻采集者采集新闻的情况已有所论述。在这一节里，我们将假定新闻提供者是一个理想的角色，即他对新闻事实的呈现是完全的，并且是绝对客观的。因此，我们在此要涉及的第二个问题是：新闻采集者如何从新闻提供者呈现出来的新闻事实中完全接受这一新闻事实而不致产生信息流失。在这一个关系式里，问题的关键是，新闻事实不能产生信息流失现象。换句话来说，我们在自然而然承认"客观"一词中（1）的含义的同时，不得不在（2）的含义上做出了假设。倘若没有这个前提，这里的新闻事实的客观性显然是可疑的。

与新闻提供者稍有不同，新闻事实在新闻采集者这里不是直接以镜像的形式被呈现的。新闻提供者直接面对新闻事实，而新闻采集者则只是通过新闻提供者的呈现接近新闻事实。对新闻采集者来说，困难在于新闻事实在被他复合、复制之前，是并不存在的。新闻采集者面对的是一大堆新闻提供者给予的呈现新闻事实的语言的碎片，而新闻事实则深藏于这些语言的碎片之中。新闻采集者只能通过语言的通道，接受关于新闻事实的信息，然后通过新闻采集者自己特有的办法，将这些信息按一定的方式排列组合，构成新闻事实的镜像，复合、复制出他所要的新闻事实来。显然，这一过程中主体的主观能动作用是很明显的，它对新闻事实的客观性构成了巨大的威胁。在这里，新闻采集者作为一个训练有素的接受者这一点，已被我们理所当然地承认，但即便如此，就像新闻提供者所处的处境一样，他要获取"客观新闻"所要求的新闻事实的客观性，就不得不与自己的个人经历、文化积累、语言修养及其业务训练、整合事实的方法、观念，进行坚韧不拔的斗争。

另外，还有一点也是值得注意的，这就是和新闻提供者相比，新闻采集者多了一个目的。换句话来说，新闻采集者在未接近新闻事实之前，早已预设了一种倾向性。从职业角度来说，一个训练有素的新闻采集者必须有一个判断新闻是否可以成为新闻的能力，正是这种判断能力使其预设的倾向性变得必要。绝大多数的人都会承认这样的一种观点：并不是所有的事实都是新闻。因此，当新闻提供者只是面对一个单纯的新闻事实时，新闻采集者却同时面对着许许多多的新闻事实。而这些新闻事实群中，哪些新闻事实才是新闻，才能最终被当作新闻表现出来呢？设身处地地为新闻采集者想一想，我们会发现他的处境是很难堪的。因此，新闻采集者只能忍痛割舍掉其中的一部分而接受另一部分。而割舍什么，保留什么，这主要取决于他所预设的对新闻事实所持的倾向性。在这里，我们完全有理由相信，新闻采集者之所以采取这个办法选择新闻事实，完全是源自他对自己判断力的自信。

如果上述的分析可以成立，那么，我们就能从中得出下面的结论了，即新闻的客观性在新闻采集者这里表现为：（1）相信新闻提供者的呈现是客观的，不对其表达怀疑的态度；（2）相信自己的判断力是可靠的，自己的选择恰好符合新闻事实的价值取向；（3）相信自己复合新闻事实的方法不致导致信息大量流失，对新闻提供者的轻信，是处于最低程度的。

3. 新闻写作者：在相对与绝对之间

在此，讨论一下新闻事实最终被呈现出来从而生成新闻的途径，显然是很有必要的。

在新闻学者那里，关于新闻的定义有许多种说法，但是绝大多数的学者都承认，只有被报道出来了的新闻事实才是新闻。在这里，新闻写作者的地位被突出来了，也就是说，没有新闻写作者的写作，新闻便是不存在的。从理论上说，这个说法或许存在着缺陷，但从新闻实践的角度看，这个说法是很有道理的。一位美国学者对新闻下了一个否定性的定义，他的表述是："未被报道者报道出来的事实就不能称为新闻。"[7]日本新闻学者岛崎宪一曾制定一个关于新闻的公式：新闻＝新闻性÷客观形式。在这个公式中，新闻被定义为"具有公布价值的东西经过新闻方式的加工而形成的事实"。[8]

从基本意义上说，我们认为，新闻的生成，完全取决于新闻写作者如何"说话"的方式。一个新闻写作者决定"说话"时，新闻才被激活，新闻事实才被生命力所贯穿，从而成为有用的东西。因此，"制造"新闻、"炒"新闻有一定的道理，新闻策划才成为一种可能。

在这一节里，我们对新闻写作者的身份有一个基本的限定：（1）它在某种意义上与新闻采集者是统一的；（2）它不单纯是指一篇新闻的作者，它同时包括这篇新闻稿的编辑者，即它是与一条新闻发布相关人员的集合体，是对新闻生成具有真实作用的一系列人。为便于论述，我们在此仅仅用记者来代表，也就是写稿者。于此，我们涉及到了关于本论题的第三个问题，这就是新闻写作者在复合出新闻事实之后，他是如何将新闻事实表现出来的，并且表达得尽善尽美。在这一个关系式里，新闻写作者被规定为一个职业化的叙述者，先天性地具备必需的叙述能力。

来自叙事学和语言学方面的研究成果表明，一个训练有素的叙事者，他所面临的最大困难是言语和语言的对立。言语是语言的材料，语言是利用言语构成的具有一定方向性和倾向性的有意义的叙说。对于新闻写作者来说，他对新闻事实的整合，表明言语尚未向语言实现转换生成，因此，他要叙说或表达新闻事实，必须通过语言的文化把握才可以实现，在此之后才能形成书面文字。在这里，语言的文化把握完全是个人化的，即主观性起决定作用。[9]

和新闻采集者一样，新闻写作者主要还是与语言、文字打交道。即使他能够较顺利地实现言语与语言在对立中呈现出来的尴尬的化解，但他如何避免语言的个人风格或团体色彩、集体意识以及民族主义倾向等，依然还是问题。同时，涉及叙事问题时，新闻写作者还必须处理叙事视点和叙事角度问题。这类问题同样是相当棘手的，按照叙事学的理解，如何叙述不仅影响到事物的意义，而且叙述本身就生成意义。从新闻的定义出发，新闻写作者视点的确立，不应该大于新闻提供者对新闻呈现或新闻源呈现的角度，但新闻同时又被赋予了新奇和隐秘的潜在性质，因此，新闻写作者往往被迫采取向这一性质让步的方法，从而选择全知全能的视点，力不从心地充当了新闻事实的解释者。

对于新闻写作者来说，我们认为，新闻的客观性只可能被表述为：(1) 语言风格是最小个人化的，而语言表达则是完全显得有能力的；(2) 叙事视点是最可能接近新闻事实的。

4. 新闻接受者：在信任与怀疑之间

最后一部分，拟用来简略地讨论一下新闻接受者（受众）与新闻客观性的关系问题。

从接受美学的角度来看，凡是未被接受的事物，这个事物并不先在地存在。也就是说，未被接受的事物，对接受者来说毫无意义。意大利历史学家、美学家克罗奇在讨论历史学家如何面对历史材料时曾说过一句相当精彩的话：一切历史都是当代史。[⑩]这句话，用来解释新闻接受者如何接受新闻是很有用的。克罗奇的意思是说，历史学家作为历史材料的接受者，他们总是根据自己的认识来对历史材料进行组合而构成历史，未被接受的部分，则不构成历史的一部分。对新闻接受者来说，其接受的情形与历史学家是一样的。在未被接受的新闻事实当中，新闻的客观性自然被完全消解掉了。

在这里产生的问题是，新闻接受者在接受过程中不断地构成"效果史"，新闻的"效果史"内含客观性，从而被接受者所接受，但是由于新闻接受者个人的偏好及其他因素影响着他的接受，所以，新闻客观性就有受到歪曲的可能，而新闻的"效果史"也会随之与新闻发布者的预期产生偏离。换句话来说也许能让人更明白一点，即客观新闻所要求的客观性，在接受者那里完全被接受者的主观意志所左右，因此极端地强调新闻的客观性，对接受者来说是毫无意义的，也不会产生出"效果史"的一部分。不过，对于新闻发布者来说，预先知道接受者的态度倾向，可以反过来调整自己的写作，使其易于被接受者接受，从而使新闻的客观性得以呈现。

注释：

①参见《新闻学简明词典》中"客观主义"词条。

②参见美国杰克·海敦《怎样当好新闻记者》第131页。

③④参见②所引书第180页。

⑤引自《现代汉语词典》"客观"词条。

⑥参阅《当代美国资产阶级哲学》第三集《普通语义学》第一节。

⑦参见美国威廉·梅茨《怎样写新闻》中"新闻的性质"一节。

⑧参见日本稻叶三千男、新井直编《日本的报业理论与实践》第63页。

⑨参阅美国乔姆斯基关于语言的论述。

⑩参阅意大利贝奈戴托·克罗齐《历史学的理论与实践》相关论述。

第二部分

新闻生产与文本

潘叔一家

潘叔：48岁，村治安队队长。

赖姨：47岁，农村普通妇女。

陆婆：80岁，潘叔的母亲。

阿清：23岁，潘叔大女儿，现在深圳沙湾打工，不久将辞工返家。

阿花：19岁，潘叔二女儿，现在惠州小金打工。

阿芳：17岁，潘叔三女儿，现在镇中学上初三。

开篇絮语

农民的一年是怎么过的？

他们的酸甜苦辣又是什么滋味？

他们如何面对和解决生活里遇到的难题？

对远离农村社会的人来说，这些事，或许不大能引起人们的关注，即使有所了解，也还是相当有隔膜的。

中国是一个农业大国，农业人口在全国总人口中所占的比重十分之大，农民仍然是国民的主体。可以毫不夸张地说，不了解农村社会，不了解当今农民的生活，人们就不可能真正地了解中国社会。因此，关注农村社会的变化，关注农民的生活状况，对所有的人来说，或许都是有益的、有意义的。

我们愿意就此做出努力。

我们的基本想法是，选择一个有普遍代表性的农民家庭作为观察对象，以一年为期，来叙述它的成员所遇到的各个方面的经历，力图忠实、客观地记录他们的生活、情感历程，以此折射出社会生活在他们心中激起的层层涟漪。

我们选定的自然村，是粤北山区一个地级市近郊的村落，我们将它叫作红村；所选择的家庭，是在红村中生活水平属中等的潘家。我们将每半个月发表一篇他们生活状况的报道，并适时配以其他体裁的文章，或解释，或评说，以使读者获得比较全面的，也比较真实的对农民家庭生活的认识、体验。

　　或许他们的故事将是平淡的，甚至是乏味的，但那一定是真切的。六十多年前，社会学家费孝通先生曾通过对江苏吴江开弦弓村的调查，写成了著名的《江村经济》，让人们看到了 20 世纪 30 年代旧中国农村社会的真实图景。我们愿意以费先生的精神为指向，来触摸这个农村家庭的底蕴，并以尽可能活泼的文风、有表现力的文字把报道写得好读，且不失去我们的本意。

2000 年 1 月 9 日

第一章

潘家买了村里第一台消毒碗柜

阿花回来了，又走了。

赖姨送她到 205 国道边，看着女儿上了去惠州小金的汽车。母女俩都很平静。

这天是 1 月 2 日。

阿花在小金一家玩具厂打工，8 元钱一天，加班另计，每月大约可以拿到 400 多元钱。厂里元旦放假三天，阿花便回了家。

赖姨元旦没有假放。农村哪有放假一说？赖姨趁村里修机耕道，元旦那天去七八里外的工地上砍柴了，接连累了两天，砍下的柴不下于 750 公斤。虽说家里已经购置了石油液化气灶，不农忙，也还是舍不得用。一年里，大约半年用石油液化气，半年用烧柴，总要烧 1500 多公斤干柴。这两天的辛苦，大概够烧三个月了。往年，每到农闲也总要去砍柴，都是潘叔和赖姨一起去。自从四年前潘叔到村里当了治安员，这活就全靠赖姨一个人了。

潘叔却也没闲着。这几天里，被村里安排，他不是去这便是到那,以至于自留地里种下的二十多株荔枝也没法去管。12 月里的一场霜冻,荔枝枝叶全都冻坏了。和他家一样,全村的荔枝果树都遭了霜打,损失不小。潘叔看了新闻,知道应该把冻死的树枝剪掉,用泡沫塑料布包住,否则,整棵树都会因此枯死。但潘叔却没有时间去做。潘叔抱怨说,妇人家怎么就不会干这样的活?

潘叔的荔枝是在 1986 年种下的,每年可以采摘 100 多公斤荔果。去年,他卖荔枝收入了大约 300 多元。遭霜这一打,今年是一分钱也收入不了了。潘叔感到无可奈何,只怪是天灾了。尽管这并不是一笔很大的收入,但潘叔还是准备在春水期到来时去把枯枝剪掉,就这么让它枯死,也还是很可惜。

潘叔不太会种果。市里提出在"山上再造一个槎城",按照市委市政府的发展定位,县里号召利用山地资源,实行农业综合开发,开展"小庄园"建设,红村人不甘落后,也在石子坑一带规划出了一个 200 亩大的基地。这些天,一部分果农已打好果穴,开始下基肥了。当初,潘叔不是没想过这事,而且村里的干部也来动员过他,但潘叔最终没有报名。结果,村里的七八个乡亲,有人 10 亩、有人 20 亩,一下就把 200 亩的基地全承包了下来。潘叔有他自己的理由:他没有那个经济能力,连果苗钱也很难拿得出来;他家没有足够的劳动力,他也没有相应的种果技术,他担心种不好。

潘叔总算挤出了一点时间,下了趟槎城市区。那是 1 月 6 日下午,潘叔在市区转了三家电器店,最后在一家店里买了一台消毒碗柜。潘叔想把家里搞得卫生一点,常把碗筷消消毒。消毒柜是宇洋牌的,280 元一台,是几家店里最便宜的一种。潘叔认为,没有钱修房子,自己就零零星星添置一些东西,但潘叔很有些自得,在红村衙门村民小组,买消毒柜的,他是唯一的一个。

潘叔顺便还转了两家家私商场。潘叔心里装着一件事：阿清就要回来了。阿清在深圳沙湾打工已经好几个年头了，上个月，她打电话告诉潘叔，她不想做了，已经辞了工，1月25日就回家。潘叔接了电话，便想着一件事：都23岁的大姑娘了，该给她布置出一间闺房了。潘叔转家私商场，就是想给女儿买张好一点的床。去了两家商场，问了价钱，潘叔最终没拿定主意。毕竟潘叔做治安员，每月的报酬只有450元，他得比较一下价格，看看哪一种价格的床才是最合适的。

潘叔记事簿

1月1日：村里修机耕道；村里安排上工地监工。

1月2日：送元旦回家休假的阿花返厂。

1月3日：帮助新任妇女主任做计划生育表册以备市里抽查。

1月4日：在修机耕路中，部分群众越界砍树，受命前去阻止。

1月5日：继续受命前往另一条机耕路上阻止群众越界砍树；前往瓷土厂，受命为发生纠纷的两个瓷土厂重新划定取土界线。

1月6日：上午检查机耕路质量，下午到市区买消毒碗柜。

1月7日：未记。

1月8日：前往新建水果基地，查看民工疏通边缘水沟情况。

第二章

阿清回家了

天气又变坏了，一场提前到来的春雨刚过，寒冷的北风就紧跟而来，冷飕飕的。

潘叔在公路边迎着寒风站立了半个小时，一辆辆车呼啸而过，扬起一阵阵沙尘，偶尔有几个人下车，但就是不见阿清的身影，一贯沉得住气的潘叔也显得烦躁起来。"上午12点钟从深圳坐车，都下午4点多了，也该到了，这么冷的天，该不会出什么差错了吧。"潘叔转而又想，阿清从17岁初中毕业开始出门打工，至今都有六七年时间了，什么事都懂，会照顾自己的。

每次阿清出门或回来，潘叔都要亲自接送。本来，阿清说好是这个月25日回来的，上个月阿清来信说要辞去在深圳沙湾的那份工，潘叔与赖姨心想，23岁的姑娘了，老是在外头打工也不是长久之计，倒还真不如回来。于是，潘叔决定添置一些家具，也顺便给阿清布置一间闺房。

但最近发生的一件事令潘叔很不开心，他的450元工资交了50

元电话费后，如往日一样压在家里办公桌的玻璃板下，15 日那天才发现不见了，查了几天最终还是没有着落。事不凑巧，家里那只养了几年的老猫，竟也误吃老鼠药中毒死了。

不过，无论如何，潘叔还是下定了决心，从积蓄中拿出几百元钱到城里买回两张新式床、一张茶几和六张塑料椅，共花了 530 元。两张床一张给阿清用，一张自己夫妻用，原来用的那张"高低厅"式床，是潘叔结婚时买的，现在给陆婆用了。

25 日早上 10 点，潘叔还在村委会忙着，赖姨过来告诉他，阿清来了电话，说要坐当天上午 12 点钟的车回来。潘叔赶紧用米粉拌了点糨糊，用报纸把阿清那间房子的外墙认真地糊了一遍。下午 3 时 35 分，潘叔就赶到距家两里路外的国道边等阿清了。

这一切，阿清不知道。

其实，正当潘叔站在国道边瑟缩着身子张望时，阿清已到家了。

阿清是坐中巴回到槎城的，她本想坐长途大巴，可以直接到村口下车，但要贵好几十块钱，阿清选择了坐中巴。殊不知到市区一下车，才发觉天气冷得很，归家心切，阿清花了 15 元打了辆"摩的"回去，到村口兜近道直接回了家。赖姨老远就看到了女儿的身影，连忙和小女儿阿芳一起跑出来迎接。

阿清是带着两大纸箱的衣服回来的，大部分是一些自己平日穿的旧衣服，连衣架等日常用品都带了回来。阿清还买了新衣服给正在念中学的妹妹，带了一些糖果给奶奶。一进家门，阿清就撒娇般地大叫："冷死了，一天没吃东西了。"这时，赖姨已经在灶前忙碌开了。

此时的潘叔，仍然在公路边等着，张望着每一辆开过来的客车。北风，正一个劲儿地吹。

潘叔的一个星期天

潘叔没有星期天。

1月16日，镇防疫站的两个技术人员下到村里。邻村发现了牛疫病，红村请来了镇里的兽医——老杜和老古。几十年了，彼此熟悉信任，潘叔只管对着名册数牛就行了。受村里的安排，潘叔领着二人，走村串户，给全村的耕牛注射防疫针。

老杜是镇畜牧防疫站的站长，六十好几了。这天，潘叔带着他走遍了整个村。老杜觉得，红村每月花450元请潘叔做治安员，钱没白给。

邻近的两个自然村，已发现耕牛疫病。潘叔和另外两个治安员为此牺牲了星期天，兵分两路，去为耕牛忙活。

红村是一个比较大的行政村，全村四百五十多户一千七百五十八人。红村共有五十户人家养着牛，大大小小算来有五十五头。潘叔所在的自然村衙门村，三十五户人家一百三十多人，也有三户人家养着五头牛，潘叔家就是其中的一家。

在许多地方，耕牛仍是耕作时替代人力的主要力量，在红村却不是。红村已实现大部分的机械耕作，尤其是农忙时节，"铁牛"完全代替了耕牛，耕牛反倒只是在农闲时才使用的一种有灵性的工具。

红村拥有"铁牛"九部，六部是农户私有的，三部是村里购买的。用"铁牛"耕地，无论是农户的，还是村里的，价钱都一样，而且随行就市。

潘叔揽下的事并不轻松。早两天，潘叔已经到养牛户家里为愿给牛打防疫针的登了记。村民对此事并不积极，尽管每头牛只需15元费用，但潘叔还是为此费了不少口舌。

和本地大多数农村一样，在冬季，耕牛都自由地放养在山里，要把每头牛都找回来，颇不容易。也有部分养牛户觉得，自家养的牛，并未生病，白白花15元去打针，十分不值。也有人家确实很困难，15元的针药费拿不出来。"牛好好的，打针干吗？"总有想不通的主儿，潘叔也只能轻言细语讲一番道理。

潘叔十分尽心，自己带头，让老杜给两头牛打了针。对不愿意为耕牛打针的农户，也尽力说服。一位大爷看了老半天，看见别人家的牛都纷纷牵来打了针，终于狠狠心把攥在手心里的钱极不情愿地交给潘叔："打就打吧！"

初生牛犊不怕虎，就怕兽医老杜。水牛犊突然使了个猛劲，把老杜和牛主人弄了个人仰牛翻。这时的潘叔正躲在一旁偷笑。

忙过了三四天，潘叔也算大功告成了，全村共有四十八头牛打了防疫针。

生猪六天长十斤

这些天，赖姨喂猪的方法发生了很大变化。喂猪时间、投料多少、加水分量都按规定去做，并且还在饲料中加进了一种饲料添加剂，采用新方法养猪了。

赖姨再也不能像过去一样随意地喂猪了。

在家里，喂猪向来是赖姨的事，喂猪已几十年，过去想怎么喂也就怎么喂了，但现在，赖姨喂猪也得听潘叔的了。尽管前些天，因家里丢了400元钱，赖姨挨了潘叔一顿好吵，但喂起猪来，赖姨还是按照潘叔的交代去做，喂得一丝不苟。

十多天中，红村发生了一些重要的事，潘家也发生了一些重要的事：霜冻坏的荔枝开始剪枯枝，耕牛打了预防针，县里来人参观了新辟的水果基地；家里丢了钱，阿清回了家，新添置了床；无论村里还是家里，这新法养猪也都算件大事了。

新法养猪是由一名姓田的技术员带来的。

1月10日晚，村里召开会议，决定按县、镇的意见，让赣州军分区的养猪技术员到村里来推广快速养猪技术。全县二十四个乡镇，已有近二十个推广这一技术，仙镇已算是迟了的。会上决定，十四个小村的村民小组长每人带动两户农民家庭，推广这种快速养猪技术。潘叔主动报了名，第二天又去听了田技术员讲课。到了晚上，他还特意找到田技术员，和他交流养猪经验，一谈就是两个多小时。

潘叔对这事态度积极，他很想学到这种新技术。村人的态度并不都像他一样，当初报名听课的人共有二十多个，决定按新法养猪的仅仅五个，只是后来经过一再的动员，这才增加到现在的十个。潘叔不知道其他人是怎么想的。

潘叔家正养着两头小猪，是年前出栏肥猪后才养下的。去年一年，潘叔家两次出栏肥猪四头，一次收入1176元，一次收入960元。养猪的收入，对潘家来说，并不是可有可无的。潘叔心里打过算盘，新法养猪250斤出栏，饲料费270元，猪苗费150元，成本总共400元，每头猪往少算，最少也可净赚200元。何况，土法养猪每天仅能长200来克，成本也无法核算，究竟是赚还是不赚，他自己心里也没个数。

潘叔铁了心要用新法养猪，赖姨没说二话。13日，田技术员到家为猪称重，六天后，田技术员再次到家为猪称重。结果，潘家的小猪从55斤长到了65斤，每天净长1.6斤。于是潘叔对新法养猪更有了信心。

潘叔一下子就买了十七包饲料添加剂，大约可以用八个月的时间。受经济条件所限，潘叔买得并不是最多的。全村共进货七件三百五十包，每包23.6元，一般人也就买三四包，买得最多的就买了三十三包，他家养着十头猪。潘叔说，他想用这法长期养下去。

快速养猪法红村试点六天平均每天增长情况

	最高	最低	单位
大猪	3.4	2	斤
中猪	2.5	1.8	斤
小猪	1.6	1.6	斤

潘叔记事簿

1月9日：记者到家采访。晚上去支书家，就记者跟踪采访家庭一事向村党支部书记汇报。支书未表态。

1月10日：在村治安室值班。村召开两委（村委、治委）会，决定在村里推广快速养猪法。

1月11日：听村里来推广快速养猪法的赣州军分区养猪技术员讲课。下午，镇主要领导带农业技术员来到村里，指导农户救治受霜冻果树。

1月12日：值班。

1月13日：养猪技术员来到家里，为猪称重。

1月14日：到各自然村农户家登记，说服农户为耕牛打预防针，以防治疫病。

1月15日：继续到农户家登记。发现丢失400元钱，大为震怒，向老婆孩子发了一顿火。

1月16日：带镇防疫站人员下村为耕牛打预防针。阿清来电话确定25日到家，并说买一台照相机回来。看到了《河源报》的报道，想了很多。

1月17日：继续带防疫人员下村。

1月18日：女人上山砍柴。准备全年治安综合治理材料，以备县综治办检查。

1月19日：养猪技术员到家为猪称重量。

1月20日：女人开始除旧，洗蚊帐、被子，擦家具。下槎城买猪饲料添加剂。

1月21日：与村干部一起去各自然村验收种果散户打穴情况。欢送养猪技术员。

1月22日：买床。

第三章

潘家过大年

大年廿九，除夕夜。

晚上 11 点刚过，除了偶尔有成群结对的儿童在嬉戏吵闹外，村里的夜晚并没特别热闹。不同的是，红村的每一幢新房旧宅，都透出明亮的灯火。这时的潘叔，点燃一根烟出门了，他要去村委会门口放鞭炮。村里早就准备好的一大饼鞭炮，就挂在村委会门前草坪里。潘叔说书记点火吧，村书记说你点吧，潘叔就把鞭炮点着了。十余个小孩在围观，鞭炮声刚停，全村各家各户的鞭炮声开始噼里啪啦地响了起来，此起彼伏，全村人都在迎新年了。

潘叔在村里放鞭炮时，赖姨正和三个女儿在家里张罗着接新年的拜神仪式，还是那套程序和规矩：糖果、茶酒，点香、燃炮。潘叔到家时，已近 12 时 30 分了，这种仪式潘叔作为一家之主不到家是不可以开始的。潘叔点燃了一排小鞭炮，带领全家向着"天井"敬了天地，再把祭台掉转方向，面向里屋敬了祖宗，再放了一排鞭炮，仪式也就是这样了。敬完神后，陆婆将利是逐一发给全家的每一个成员，潘叔和赖姨也分别将利是发给了三个女儿。

　　大年廿九这天，潘叔足足忙了一天。其实，每年过春节都是这样忙乎过来的。潘叔夫妻俩早晨6点就起来了，吃完早饭，已经9点多了。潘叔用生粉煮了一大盆糯糊，就开始贴春联，潘家面积不大，由于是老宅，门特别多，粗粗一算，竟有十个门，潘叔与二女阿花、三女阿芳一起，很费了一些工夫才把所有对联、年画贴好。老屋有两户人家建了新房搬出去住了，潘叔受了他们的委托，也帮他们把老屋的春联贴上了。贴完春联，潘叔并未停下来歇一会儿，他得着手弄那顿团圆饭了。

　　潘叔擅长厨房的活。20世纪70年代末，潘叔曾在镇中学食堂掌勺，虽然不是什么高级厨艺，但邻里邻舍有什么红白喜事，都要请潘叔去掌勺。吃团圆饭之前，潘叔催促全家人早早冲凉，换新衣服，然后举行辞旧岁的拜神仪式。潘叔准备了鸡、鱿鱼、豆腐、猪肉、网油猪肝共五个菜来拜神。吃团圆饭时，潘叔又煮了一个青菜和一个汤。

　　吃完团圆饭，时候还很早。阿清三姐妹就在晒场上打羽毛球，邻家的老老少少也陆续走到晒场上聊家常。潘叔把平时放在房内的彩电和卡拉OK唱碟机搬到客厅，父女四人从傍晚6点一直唱到晚上10点，VCD碟有的是旧的，有的是女儿们带回来的。潘叔唱了一首《杜十娘》，感觉还可以，女儿们则唱了很多流行歌曲。陆婆和赖姨不会唱，只在一旁听着。二女儿阿芳对中央电视台的春节晚会没什么兴趣，觉得乱糟糟的，除了赵本山表演的小品外，没什么看头，还不如唱卡拉OK，看了一会儿，就不看了。

　　由于父亲去世得早，潘叔很早就开始当家，几十年了，每年过年都要隆重庆祝一番。潘叔觉得，俗话说"穷鬼的老婆盼过年"，哪怕平日里多艰难，过年一定要像模像样，别人有的，自己尽量要有，过日子，不能给别人看不起，特别不能伤了小孩和老人的心。

年年过年都相似，但潘叔觉得今年过年与往年又有所不同。潘叔看见村里大部分人家买的东西比去年春节要多，年过得热闹一些，潘叔觉得这是由于去年经济形势比前年好的原因。这个春节，潘叔估计要花 1500 元钱，其中发给老人小孩的利是近 500 元，其他如买肉、待人接物、客来客往要花不少钱。大女儿和二女儿给了 800 元，买了衣服给老人和妹妹，节省了潘叔一笔开支，再加上潘叔自己得的年终奖金，过一个春节仍要花去一些积蓄。

大年初一上午，潘叔哪儿也没去，他得守在家里招呼来拜年的人。陆婆在村里的辈分很高，亲戚晚辈们都得先向她老人家拜年，为此，潘叔特意为陆婆准备了 200 多元的利是，分 2 元、5 元、10 元，封在利是袋里。除了招待来家里拜年的亲友邻里外，潘叔还接到了几个拜年电话，自从前年花了 1000 多元装了电话后，潘叔觉得很多事情方便多了，比如电话拜年就很方便，他那在蓝镇的弟弟和弟媳妇打电话来说，过年就不来红村了，叫陆婆他们去蓝镇玩几天。

中午时分，陆婆在专心地看着电视，电视里正舞龙舞狮。潘叔在客厅走来走去，一年到头都在瞎忙着，一到年初一，倒觉得没什么好忙的了。

这时的潘叔，哼起了歌，还是《杜十娘》的调子。

阿花的故事

阿花回来了，年廿八早上到家。回来时，她没有打电话告知家里，怕给家里添麻烦。阿花在惠州小金打工，厂里直到年廿七才放假，归家心切的她，顾不上天黑夜冷，当晚 9 点多，便与厂里七个老乡一道包了辆人货两用车回来。

夜间行车，不知啥时能到，为了不让一家人惴惴不安地等到半夜，此次回来，她没像以往那样先通知家里。车到徐村时已是夜间 11 点多，距家还有一段距离。阿花按捺住到家的喜悦，留在徐村一位同学那里住了一晚，第二天清早才赶回家。

相貌上，阿花和她姐姐、妹妹很相像，都有一双扑闪扑闪的大眼睛，所不同的是，阿花不那么拘谨。见到记者，阿花不像许多农村女娃那样羞怯地躲到房里，而是主动地做她父亲的"翻译"，用普通话跟记者们聊天，讲述她自己的故事。

阿花很想读书。从小学一年级起，她成绩一直不错，还是班干部，老师们对她的评价都很高。初中毕业那年，她考上了中专，是委培，也不包分配，三四千元一年的学杂费让当时的潘家无法承受，或许更重要的一点是，农村里的一种传统观念认为女娃读再多的书也没有用。面对父亲的决定，阿花没有怨言，其实也是不敢有怨言。1997 年 6 月 23 日，她刚结束中考，第二天便踏上了去深圳横岗打工的路途。9 月，她回来了，因为她仍惦记着通知书，看到录取通知书，她偷偷地哭了。她好羡慕那个和她同时接到同一所学校录取通知书的同学，目送那同学走上惠州求学之路后，阿花安静地离开了那座小村庄，外出打工了，这一打便是三年。

没有上成学的阿花并未从此消极。她也想做工厂里的小组长，她说小组长的工资要比她现在拿的 460 元月薪高多了。她深知文化层次的高低以及能力的高低，也意味着工资的高低。阿花想学电脑，她想多挣点钱抽个时间去学学。

阿花对妹妹阿芳格外照顾。潘叔准备让阿芳读完初三也去打工，阿花嘴上没说什么，其实是格外不赞成。她只想尽自己能力慢慢去为妹妹做点事，帮帮妹妹。

年廿八那天，风尘仆仆的她刚到家，看到读书的妹妹没鞋穿了，顾不上休息，拉上妹妹就坐车去了趟市区。那天，她自己什么东西也没买，给妹妹买了双鞋后，将口袋中所剩的钱买了筒胶卷，好等过年时给全家留个影。

阿花是个懂事的女孩。在小金打工，她的工资并不高。一个月的工资是 180 元，奖金 190 元，伙食补贴 90 元，加起来共 460 元。但她很节俭，每月伙食只吃 70 元，在厂里，她每天吃两顿，每餐 1.2 元钱。双休日，阿花很少出去玩，平常下班后，她就在厂里看看电视，看看书。

阿花自己很省，但她却深深地爱着她的家人。春节回家，她给奶奶买了一对银手镯，又分别给父亲和奶奶五十元钱，自己留了点钱是想着学学电脑，读点书，也帮帮妹妹。

潘叔一家的新春愿望

　　潘叔：新年有四个愿望，一是继续做好村里的治安队工作，负好责任；二是希望女儿们能听话，好好做事，不学坏样，勤俭持家；三是希望大女儿能找个合适的对象；四是愿天官赐福，全家健康，愉快度日。

　　赖姨：老公说什么就做什么，一家老少平安就好。

　　陆婆：子孙都会赚钱，日子好过了，希望子孙能赚钱建新房，这是最挂心的事了。

　　阿清：到市区找份工作。以前的同学大多结婚了，自己也想留意一下。

　　阿花：换一份好工来做，一个月工资能有 1000 元就好了。

　　阿芳：初中就要毕业了，成绩一般，考得好家里也不一定供得起，考不上就出去打工。

潘叔记事簿

　　1 月 23 日：在村上值班。阿芳考试。女人放牛。用报纸糊墙。

1月24日：细雨天气。值班时，张榜公布2000年生育对象名单。

1月25日：布置春节期间的值班安排。阿清回家。

1月26日：村里召开三级会议，确定2000年全村经济社会发展的主要思路，鼓励党员、村民招商。领了550元的年终奖金。瓷土公司潘老板给敬老院和红村五保户、困难户送钱和棉被。

1月27日：值班。村里召开复员军人会议。

1月28日：到槎城买鱿鱼3斤、糖6斤、饼干3斤及话梅等小吃，共花180元；到仙镇圩买了九副春联。

1月29日：值班。买一些零星东西。

1月30日：值班。女人放牛、做家务。

1月31日：值班。镇里慰问村里的十四户五保户和困难户，每户50斤大米，通知来领，三户送上门去。

2月1日：村里放假。下午接到两个报案，一是村修配厂被撬门，1000多斤废铁差点被盗卖，前去制止。第二是破门案件，未失盗。

2月2日：把订好的35斤猪肉拿回家炸熟。二女儿阿花与伙伴包车回来，当晚到徐村，未回家住。

2月3日：值班。

2月4日：上午贴春联，准备大年夜的饭菜等。晚上在家唱卡拉OK，到村里放鞭炮。

2月5日：亲戚、邻居、女儿的同学纷纷来拜年。

🌑 第四章

心事围绕女儿转

天阴着，飘着细雨。潘叔匆匆走在田间小道上，手插在裤袋里，背显得有些弓，看上去仿佛心事重重的样子。这天是 2 月 20 日，潘叔正向仙镇中学走去，他打算去为读初三的阿芳缴交上学的费用。

仙镇中学学生报名两天以前就已开始，潘叔的动作已经迟了。按规定，这天已该正式上课了。潘叔并不急，他知道好些家庭经济都拮据，特别是学生多的农村家庭，为学生筹集上学费用并不是件很容易的事，总得东挪西借，替子女报名入学便拖得晚些。潘叔并不是因为钱没准备好，这才去得晚的。

2 月 17 日，仙镇中学贴出布告，通告了学校报名的时间和费用数目，阿芳看到了通告，回家就告诉潘叔了。潘叔知道，这学期阿芳要缴交的费用近 900 元。潘叔也没做特别的准备，这个数目对他并没有很大的压力，和以前三个女儿都还在上学时的情况已大不一样了。那时，三个女儿一入学，缴的费用差不多要 1500 元以上，每到报名时间，他都不免犯愁，往往得向人借钱。

潘叔说，虽然学生现在上学费用高了点，但自己家庭经济状况好了，这还难不倒他。对阿芳上学的费用，他早有预算，他说，借钱面子上就不好看了。但他依然坚持自己去学校为阿芳报名，他怕阿芳去报名，一不小心丢了钱，那就太可惜了。

最近半个月中，村上放了年假，没有更多的事情做，潘叔的心事便始终围绕着三个女儿在转：为阿芳准备上学费用，送阿花出门，替阿清找工作操心。潘叔时常说，尽了父母的心，这才对得起子女。

早在正月初九，阿花就动身出门了。阿花厂里规定，初十上班，初九必须回厂报到。前一天晚上，潘叔一再叮咛阿花，在外面打工，自己要照顾好自己。第二天早晨6点，潘叔起了早床，杀了一只鸡，为女儿做了一顿好饭吃。8点时，他和阿清、阿芳送阿花到公路边候车，没想到，等了一个多钟头，竟然没有一辆车停下来，所有的车上都装得满满的，没了空位。潘叔只得送阿花下槎城，到槎城乘车去惠州小金。在槎城，潘叔排队为女儿买了车票，送她上车时，把晚上说的话又说了不只一遍，让她路上小心，到了厂就打电话回家。潘叔见阿花脖子上还戴着项链，又特地让她解下来，放在安全处。潘叔说，说平常也不平常，虽说是出过门的人了，该交待的还是忍不住要交待一下。还好，当天晚上，阿花的平安电话就打到了家里，潘叔总算放下心来。

最让潘叔放心不下来的，恐怕是阿清了。就在阿花走后的第二天，刚吃过早饭，就有消息说槎城的一家外企正在招工，潘叔让阿清带上身份证，立即赶去报名。招工的厂子是阿清打工的那家厂子的分厂，本来，阿清辞去了深圳厂子的工，打算就近在这家分厂里找份工作。潘叔呢，也早早就替阿清进厂想了些办法。年前，潘叔听说一个亲戚在厂里有朋友是管事的，于是一再嘱咐让亲戚的朋友出面，为阿清进厂做做工作。然而，天不遂人愿，阿清竟然没有报上名。原因呢？只不过是身份证照与本人不太像。

阿清没报上名，心里非常懊丧。潘叔听后，也觉得十分无奈，他说，身份证上的照片都照了六七年了，怎么还会跟本人一模一样呢？但是，当着阿清的面，潘叔也不好多抱怨，只是一个劲地安慰她："去不了就先在家歇着吧。"

阿清歇在家里，很是无聊，于是就常跑到附近同学家里玩。潘叔十分体谅，说："没办法的事，要玩就去玩吧，家里也没什么事做。"不过，说归说，他心里依然想着为阿清找个事做。前两天，听说附近一家企业准备招工，潘叔又在托人帮忙了。

仙镇中小学收费情况一览表

	初中三年级阿芳	初中一年级阿媚	小学一年级阿雅
语音室校服早餐费	355.5	355.5	230
教育费附加	150	150	150
杂费	216	216	132
课本资料费	120	120	70
练习本费	10	10	8
厨工费	10	17	8
体检费	5	5	
寒假作业费	26.5	26.5	
民师统筹			53
共计（元）	893	980（含内宿住宿费）	601

关于图表的说明

2月20日，记者前往仙镇中小学了解学生报名情况，到当日下午，初中二年级学生入学报名的情况是：报名率仅为60%，据教师反映，住宿生要晚上才陆续到校报名，家庭经济状况拮据可能是部分学生推迟报名的原因之一。

记者随机询问了两名正报名的学生，阿媚与阿芳同校不同级，读初一，阿媚的爸爸黄叔说："这学期的学费比上学期少了四五十元，但比另一个镇的学校又要贵一些，读书读不起啊，只盼着她成绩好一点。"

与阿芳同级不同班的小潘说，她家在镇上开小店，收入还可以，拿学费时父母没抱怨什么，只是说考上高中继续读，考不上就回来看店。小潘说，学费太贵了，班上不少同学家里交不起，这学期班上又有四五个同学退学。小凤刚过了年就去深圳打工去了，虚岁才16岁，连毕业证也不要了。小凤走了，一则是学费高，二则是自己成绩不好，不想上了。像这样的情况很多，小潘说，刚进初一时，全年级有五个班，每班有五十多人，初三时人少了，就撤了一个班，成了四个，而且每个班的人数也只有三十多人。

记者采访手记之一：

有你鼓励 我们前行

连同这一期，《2000年中国的一个农民家庭》第四次与亲爱的读者见面了。每一期报纸付印的时候，我们的心都惴惴然，因为我们不知道自己做得够不够，好不好，读者满不满意。

所幸的是，我们得到了普遍的理解，农民、机关干部、同行，他们或写来信，或打来电话，说了一些赞誉的话，也提出了不少善良可行的意见。对于赞誉，我们汗颜；对于诤言，我们尤觉珍贵。

我们的愿望单纯而真诚，我们想要做的是，记录一个普通农民家庭一年的日子，他们的衣食住行、酸甜苦辣，告诉你一个真实的农民家庭的情况。我们深知，要做到这一点，其实并不容易。

农民，这并不是个迷人的字眼，几十年来，多少人为摆脱一个"农"字而演绎了多少或感人或悲伤的故事。几千年来，生活得最苦最累的，莫不都是农民。我们的祖先都是农民，我们自己也许就曾是一个农民。我们深知：土地给予了我们多少，农民就给予了我们多少。关注农民，其实是关注我们自己。

我们所记录的都是潘叔一家大小经历的一些生活及生产琐事，很琐碎、平常、不起眼，猎奇的心理在这里很难得到满足。同时，为了不至于引起不必要的猜疑，我们隐去了地名以及潘家大小的名字。我们希望得到谅解。

因有你鼓励，我们将继续携手前行。

因有你鼓励，世界将变得清澈可爱。

读者来信：

潘叔一家心系大家

编辑同志：

自年初开始，贵报在星期六版开辟了《2000 年中国的一个农民家庭》专栏，跟踪报道比较有代表性的红村农民潘叔一家，据笔者详细调查，贵报此举引起了广大读者的浓厚兴趣，这一专栏备受读者关注。

我国是个农业大国，农民占了七亿，农民的命运历来都是人们最关心的问题。

农民生产生活的情况怎样？从潘叔一家，读者可以清晰地看到发生在老百姓身边的事情。这对于洞悉民情、了解民意、关心和引导农民奔康致富，无疑是大有裨益的。

读者　叶××

潘叔记事簿

2月6日：在村里值班。和全家人一起，带三色菜式去祖祠祭拜祖宗。阿花下槎城看望同学。

2月7日：休息在家。抽空前往衙门自然村处理一些村民纠纷。

2月8日：女人回义镇香溪村娘家拜年。

2月9日：值班。

2月10日：在家休息。

2月11日：下槎城向年已60岁的堂兄拜年。

2月12日：未记。

2月13日：一大早就起床送阿花返厂。

2月14日：阿清下槎城一企业报名应招，未能获准报名。

2 月 15 日：值班。

2 月 16 日：值班。

2 月 17 日：村里召开村民小组长、村干部会议，讲备耕、计划生育、发展养猪工作。报了 4 亩杂优稻，以便镇里统一购买杂优稻种。

2 月 18 日：村干部春节假期结束，全部上班。领取 50 元红包一个。

2 月 19 日：值班。

2 月 20 日：为阿花上学报名，缴费近 900 元。

🌄 第五章

潘家开耕

潘叔早早地从床上爬了起来。早春的天气，虽已不太寒冷，却突然下起了雾，放眼看去，田野里白茫茫的一片。这是 3 月 4 日清晨，潘叔决定开耕。

无论如何，开耕都是一件大事，潘叔并不敢马虎。吃完早饭，天放晴了，太阳升起，浓雾渐渐散去，潘叔拉上牛，扛了耙，和赖姨一起，来到了田头。

现在平整的是秧田。这地离家不算远，是租种的。3 日上午，潘叔已将秧田犁过，下午耙了一次。秧田自然是要犁耙得精细些的，所以，潘叔将秧田又细细耙一遍，并让赖姨挑了一担农家肥，泼到田里。接着，他又开始耙了起来。在红村，潘叔称得上是一个弄田的好把式了。

一年之计在于春。其实，潘叔的春天早就开始了。早在 2 月 17 日，年刚过完，潘叔对今年的田怎么种就做了打算。那天，村里要各家各户报上买杂优稻种子的数字，潘叔要了 4 公斤，够播 4 亩地。

潘叔家共种了8亩地，4亩是自家的，4亩是租种的，他打算4亩种杂优稻，4亩种常规稻。原因呢？主要是考虑到缺劳力，需要错开收割时间。

3月1日那天上午，镇农技站的林技术员来到村里，落实了"春耕推广点"一事，潘叔成了"推广点"农户中的一员。所谓"推广点"，也就是通过让几家农户开始春耕，从而告诉众人一个信息：该播种了。自然，潘家也就成了全村最早开耕的几户人家之一。

潘叔的4公斤杂优稻种是2日那天泡上的，就放在天井下，用一个蛇皮口袋捂着。当别的人家还在买稻种的时候，他家的稻种已浸泡了两天多，早就长出了芽。

今年的杂优稻种每公斤卖4.6元，比去年便宜0.15元，红村人种杂优稻已有两三年的历史，早就尝到了其中的甜头，因此买杂优种十分积极，已经不用动员和说服了。今春，红村共订购杂优稻种69公斤，比去年多出了100多公斤。村里人说，杂优稻亩产500多公斤，几乎比常规稻高出一倍，种杂优稻值！

播种这天，潘叔特地把村民小组长请来帮忙。潘叔说，这是一个能干的"女男人"，没有两下子，怎么能当组长呢？等赖姨把那一大摞蜂窝一样的塑料秧盘担来后，潘叔便和村民小组长开始忙活起来。先是铺秧盘，像砌地板砖一般，赖姨则半蹲着往秧盘上糊稀泥，用手抹平。

这时候，远处的几家农户才陆陆续续来到田里。不时有人来田边，问潘叔几句。陆婆与村里的八九个老人，则到不远处的一个土地神牌位前烧香，不一会儿就响起了鞭炮声。

潘叔放完秧盘，赖姨把稀泥也糊得差不多了。他便开始撒种，赖姨则将种子抹进泥里。接下来是用篾条搭架子，盖薄膜。潘叔说，过三四天，苗子便会长得像毛尖一样。

林技术员来田间看了看，又骑上自行车走了。潘叔说，塑盘育秧的技术大家都熟了，没有什么可教的。

潘叔的化肥还没有买，许多人家都是这样，要等秧苗插到大田里了才考虑肥料的事。买多少，何时买，谁也说不准。

要做的事还多，大田还没有犁，花生也还没种，果树的枝也没有修剪，大女儿阿清的工作至今无着落，潘叔的心事写在脸上。

潘叔来信：

伴你走过二〇〇〇年

我是东县仙镇红村衙门生产组（自然村）人，一家六口，名为潘××（报道中称为潘叔）。

在跨世纪的年代，一股富有特色的社会主义强劲东风吹进了我的家门，它使潘家从（连）发梦也不敢设想的，也成为现实，而且还天天在头脑中出现。

在即将到来的新千年之春，镇村干部（陪）伴着记者们来到了我这一个普通农民的家，（表示）要在新世纪头一个龙年追中（踪）我家一年（的）工作和生活。（这）使我感到非常荣限（幸）和惭愧，并使我认为，这是一项带有政治性的举动，（它）能从我一个普通的农民家庭，导致反映、证实中国（这样一个）农业国，在当今改革开放的农村，农民生活是如何（尝）试甜酸苦辣的味道（的）；（又是）如何艰难曲拆（折）踩下农民在广阔的田野上走过（的）脚印（的）。

致（之）所以（正因为如此），我及家人（都愿意）在日常的学习、工作、生活上，树立"富而尚（思）勤"的思想，在 2000 年中配合好这个带有政治性而又有民间风俗性的采访，陪伴大家走过 2000 年，使（大家）从我（这）一（个）家庭（的变化）中而映出（看到）千万家的中国农民家庭在党中央的正确指引下，在（新）世纪就要开始之年的社会主义大道上迈开更新的步伐，取得更大的成就。

潘××
2000 年 3 月 5 日夜草

记者附言

本期我们全文发表了潘叔的来信。在信中，潘叔表达了他对采访所执的态度和想法。

值得特别说明一下的是，信是潘叔主动提出要写的。编发时，为原汁原味地传达他的心理状态，我们对文字未做任何处理，对错别字和文法不妥的改正，均用括号括了起来。另外，潘叔将接受采访看成是一项政治任务，这并不完全符合我们的初衷。我们的初衷，是对他的日常生活进行真实的记录。潘叔把配合我们采访的意义提得如此之高，仅仅表明了他对接受采访一事，持有极其认真的态度。

潘叔记事簿

2 月 21 日；值班。

2月22日：县三级一把手学习班要来仙镇视察镇务公开、计生工作等，红村为其中的一个点；买红纸请人写欢迎标语。

2月23日：村治保主任来电，说徐村（自然村）附近的高压电线被盗，受命前往调查。

2月24日：村党支部和村委会召开会议；支部书记带回几面锦旗；下午读《南方日报》，做了一些摘录。

2月25日：值班。

2月26日：村里召开村民小组长会议，响应"在山上再造一个槎城"的号召，对农户种果进行动员。

2月27日：村里总结去年脱贫奔康工作。

2月28日：在家。

2月29日：跟村治保主任下星村民小组调解建房纠纷；女人从市区捉回四只鸡饲养。

3月1日：镇农技站林技术员来落实春耕"推广点"一事；抄写1999年脱贫奔康总结报告，一份交镇里，一份留村里。

3月2日：市、县干部到村检查脱贫奔康工作，并到几户人家参观；浸稻种。

3月3日：开耕。犁耙秧田。将杂优稻种子分发到各生产队去。

3月4日：耙田下种。

第六章

心事一个接一个

一家四口人，潘叔、赖姨、阿清、阿花，一个接一个，走在去上梅子坑的路上。

3月18日，潘家播种花生，所有的劳动力都出动了。全家人都出动去种地，在最近的几年中，这在潘家还是绝无仅有的。阿清17岁下深圳打工，阿花紧接着也出门打工去了。一家人的4亩责任田，以及向别人租种的4亩地，都由老两口耕种着。潘叔在村里忙着时，地里的活其实就只有赖姨一个人忙了。

上梅子坑离家比较远，有5里的路程，走路得二十来分钟。来到地里，潘叔忙着整地弄土，阿清两姐妹刨穴放种，赖姨则管放肥，一家人也是有说有笑的。村里人很多都在地里忙，见到潘叔一家，都来打一声招呼，语气中都含了一点奇怪，但他们却说："都回来了啊？这样也好，不怕没有人做事了。"自然，他们指的是阿清和阿花，像她们一样开了年就外出打工的小青年，村里也有回来的，不过并不很多。

　　两姐妹都窝在了家里，从表面上看，潘叔并没表现出不高兴来，但他内心却是忧愁的。农家的日子不好过，潘叔的心事放在心里。

　　其实，近一段时间以来，也并不是没有令人高兴的事，比如阿芳，在全国人大代表廖耀宪呼吁减轻农民负担、治理各地的乱收费以后，阿芳学校先后两次退还了多收的学杂费，数额达 250 元之多。潘叔由衷地感到欢欣，激动得连夜写了一封读者来信给报社，来表达他的喜悦之情。又比如三八妇女节，村里召开妇女代表座谈会，赖姨也参加了。全衙门自然村，就只去了三个人，另外两个人，都是妇女干部，只有赖姨是普通妇女代表，而且是作为科技养猪的代表。

　　但这些令人高兴的事，却不能抵消潘叔的忧虑。开年以后，阿清没有外出找工，想就近找些事做，不过，天不遂人愿，头一次去精电厂没报上名，第二次在徐洞发夹厂，因为工价太低无法做，才做了五六天便辞掉了。13 日，阿清回到了家里；14 日，阿花也回到了家里。

　　对阿花辞工回家，潘叔打心底里就不赞成。

　　辞工前，阿花曾打电话给家里，表达了要辞工的想法。过完年，阿花及时返厂，但是因为没有货来，阿花工作的那条流水线被老板停掉了。阿花换了一条流水线工作，工价低不说，做起来也很辛苦，做得手上的皮都一层层地脱。毕竟女儿是自己心头的肉，潘叔心疼阿花，安慰了她许多，但他不想她辞工回家。潘叔在电话里对女儿说："无论如何，你都要做下去。"

　　阿花最终还是把她的老板给"炒了鱿鱼"，前前后后，阿花厂里走了一百多个人。阿花回到家里，潘叔便有些不乐意，有时忍不住还要抱怨几句。对潘叔来说，阿清和阿花在外打工，尽管让他担心，但她们每年每人都能给家里带来三四千元的收入。这笔钱，并不是一个小数目，差不多占了全家年收入的一半了。潘叔说，打工挣的钱再少，也好过窝在家里，哪怕只挣50元钱，也总有50元呀。潘叔认为，在地里只能刨个食，又哪能刨得出多少钱来？

潘叔并不迫切需要家里多两个干活的人。

今年，潘叔买了15公斤花生种，他打算种1.3亩的花生，这和往年种的面积差不多。有阿清和阿花在家帮忙，这活做起来还是比往年要轻松一些。可是，种花生并不能为家里增加收入，四个人做和老两口做没什么区别。潘叔种花生，主要是解决一家的食油问题。潘叔一家全年要吃食用油50公斤，花生地里所产的300公斤花生，250公斤榨油食用，50多公斤用来平时吃。

潘叔一家在地里忙到下午5点仍未回家，这时忽然传来了一个令潘叔为之一振的好消息：槎城精电厂让阿清去报名。通过一些朋友的帮助，阿清找工作的事总算有了点眉目。下午，朋友将电话打到家里，让阿清立即赶到河源，到厂里报名。一家人只有陆婆在家，事又急，已经80岁的陆婆急得不知如何是好，左想右想，只得去邻居家，央求一位年轻人骑自行车去报信。

潘叔不敢拖延，接到口信后，立即带着阿清回到家里，拿上需要的证明材料就往市区赶去。潘叔亲自送阿清到厂里，遗憾的是，厂里已经下班，名又没能报上。潘叔只得带阿清返回家里，待星期一再去，一晚上下来，心里不免有些忐忑不安。

阿清能顺利进厂吗？当然能！

阿清终于在昨天进了精电厂。这次与阿清一起被招进厂的女孩子有几十个（这个厂总共有一千六百多名女工），尽管如此，还是费了些周折。说好是早上8点，但阿清6点30分就起来了，吃过潘叔煮的米丝，从仙镇坐中巴车赶到厂里，还不到 7 点 30 分，她只好与其他女孩子一起站在厂门口等了半个多小时。8 点，一位车间部长模样的女孩子把她们带到一个车间，开始点名。

潘叔来信：

党的政策好

在跨世纪的第一个春天，万物呈现出一片（派）新的景象，迎来了九届全国人大三次会议的召开。我们市的全国人大代表廖耀宪，吐出了全市农民的心声。有史以来，农民说话，还从没像这样得到过快速回报（应）。这也让千家万户的农民看到了党对农民负担问题的重视和减轻农民负担政策的真正落实。农民也有了为自己说话的知心人。

改革开放以来，党中央关于减轻农民负担的政策及文件，已三番五次传达到各个基层单位，为什么见不到效果，农民肩上的担子，还是轻不下来？为什么办什么事情，都要从腰包里拿钱，这说明了什么？为什么没有一个明（码）标价的项目让群众知道？是基层干部不执行党的方针政策？农民负担减不下来，一些地方却出现了"官出数字，数字出官"的不良现象，压下保上。虚报的数字，不仅增加了农民的负担，也导致人民群众产生了对党、对现实社会不满的情绪。

现在，我们的代表及知心人，有骨气，有胆量，扬眉吐气，吐出了"农村农民超负的担子"，承受着肩膀上的压力。他说这番话才不几天的工夫，在上级党政的指挥下，我们农民肩上的重量就减了不少。

就拿我们村农户来说，春季女儿读书，每个农户就退还读书减负费少则200—300元，多则400元，没有一户人家不说"党的政策是好的"；没有一家的家长不拍手称赞我们的人大代表——廖耀宪先生。

潘××

记者附言

潘叔的来信，因受文化水平的限制，多有词不达意之处。尽管我们对其文字做了一些润色和修饰，但读来还是觉得有些费解。我们之所以发表他的这封来信，目的在于让人们了解当前各级政府采取的减负行动，在农户心理上所引起的巨大震荡。潘叔对政策的理解或许是肤浅的，但他的欢欣鼓舞、欢呼雀跃之情却充满了字里行间，这是毫无疑问的。

潘叔记事簿

3月6日：育秧。从电视上看到了全市减负工作会议的新闻。阿芳学校准备退回电脑费。

3月7日：村里召开三八妇女节座谈会，衙门去了三人，女人作为科技养猪代表参加会议。

3 月 8 日：值班。

3 月 9 日：村里召开村民小组长会议，要求 15 日前把种全播下去，争取把基肥回穴工作做好。阿清到徐洞一间发夹厂见工。市委组织部来人了解红村脱贫奔康工作。

3 月 10 日：阿芳学校退回 162 元收费，心情激动，写出《党的政策好》读者来信一封。

3 月 11 日：整理花生地。

3 月 12 日：继续整理花生地。

3 月 13 日：值班。阿清离开发夹厂回家。

3 月 14 日：种黄豆。阿花辞工回家。

3 月 15 日：替村里发查环查孕通知。

3 月 16 日：七十对计生对象查环查孕，帮着登记，阿芳学校再次退费 88 元，共退费 250 元。当天查了四十八对，未发现怀孕者。

3 月 17 日：到上梅子坑整理花生地。送阿清下槎城到精电厂报名未果。

3 月 18 日：种花生。

🌑 第七章

潘叔两下槎城

时至晌午,老城公园广场上吵人的喧嚣声渐去渐远。潘叔揣着两张彩票,慢腾腾地朝堂兄家走去。

老实说,刮开彩票那一阵,他心里还是有点"那个":摸奖嘛,谁不希望中?一张方四,一张红五,离中奖牌面还差得远呢!

每一回有彩票销售时,潘叔都会去买两张,碰碰运气,但却从来没有中过。

这天来城里,他并不是专程为买彩票而来的。

一个星期前,也就是 3 月 23 日,潘叔和村妇女主任下了一次槎城,因为有五个未查环查孕的计生对象需要落实。结果,找到的两位到妇幼保健院做了检查,还剩下三位没有"搞掂"。

这次算是来做收尾工作。3 月 30 日早上 7 点多,潘叔便同妇女主任再下槎城。

一切还算顺利,潘叔有点庆幸。余下三人的查环查孕问题,终于解决了。

自从春耕开始以来，潘叔似乎从来没有闲过，家里活多，村里的事务也杂。

红村的村务公开工作做得不错，市里、县里还有别的乡镇干部，隔三岔五便有一拨子人来村里参观，潘叔还得协助做一些接待。

3 月 24 日那天，潘叔在村委会门口的黑板上抄写计划生育"六公开"的情况，还没抄完，又因点别的事岔开，直到 25 日才弄完。这段时间，春季计生工作催得很紧，又是检查，又是汇报，忙得人头脑发胀。像 29 日，除了白天值班，晚上还得和妇女主任、镇里的计生专干一起搞去年 10 月份以来这两个季度的计生情况总结。

村里许多农民的田都没有打，包括潘叔家的，一大半是因为天旱缺水。去年，村里花 3.3 万元买进了三台手扶拖拉机，以解决农业机械不足的问题。3 月 25 日，潘叔把一份通知分发到各位生产小组长手上，让他们转告本组想参加竞标打田的拖拉机手，在 28 日来村委会竞标。结果，很多拖拉机手因嫌标的 800 元金额太高，28 日的竞标没有搞成。村委会只得将标的下调至 600 元，重新通知拖拉机手。

一直以来，潘叔的农活都是做在村里人前头的。一亩多的花生是全部种下了；秧苗长得很快，若不是缺水，潘叔早该打田了。

潘叔有点心焦，但天不下雨，又能奈其何？再不然，潘叔就只有借水泵抽水了。潘叔已打定了主意。

到堂兄家小坐后，潘叔才搭车往家赶。待到家时，太阳已西斜了。

令潘叔大感意外的是，赖姨和阿花也去了槎城市区，而且每人摸了十元的奖。然而，母女俩的运气，并不比潘叔好多少。

为女儿们，潘叔操心不少。他觉得，孩子大一些，不读书了，便应该到外边找点事做，闲在家里有什么用呢？所幸的是，在朋友们的帮助下，大女儿阿清顺利进了槎城精电厂，潘叔的心事总算少了一桩。

阿清是 3 月 21 日去精电厂参加入厂考试的，顺利过关。阿清进厂后分到了测试车间，平时吃住在厂里，周末可以回家。

潘叔后来才知道，在他摸奖那天，阿清也去了一趟公园广场。她是下班后才去的，没想到早已经收档了。

提起这些，潘叔有点想发笑。

终于下雨了，春雷也响了，衙门村人开始陆续打田插秧。

潘叔记事簿

3 月 19 日：槎城报社黄总编辑同记者来家；下午种花生。

3 月 20 日：除阿芳上学、陆婆在家外，全家都到地里种花生。

3 月 21 日：值班。市、县干部来村里考察村务公开情况；阿清去槎城精电厂考试。

3 月 22 日：值班。顺镇干部来考察村务公开。

3 月 23 日：和妇女主任下槎城，寻找几位未查环查孕的计生对象。

3 月 24 日：值班。写计划生育"六公开"黑板报。

3 月 25 日：续抄昨日未抄完的黑板报；发通知，要求各生产小组长转告本组想参加竞标打田的拖拉机手于 3 月 28 日来村委会竞标。

3 月 26 日：值班。

3 月 27 日：值班。

3 月 28 日：值班。原定今日举行的竞标因故未举行。

3 月 29 日：值班。夜间跟妇女主任及镇里的计生专干在村里做最近两季度计生工作总结。

3 月 30 日：和妇女主任下槎城，继续寻找上次未落实的几个未查环查孕计生对象；到老城公园摸奖。

3 月 31 日：值班。村主任叫抄县政府护林防火戒严令。

4 月 1 日：值班。村里召开党员、生产小组长会议，传达镇里关于计划生育、农房改造、防火戒严等工作会议精神；讨论一些人员的入党问题。

第八章

农忙　农闲

农民是没有假期的，农民的日子只有用忙或闲来区分。如农村的学生，除了享有与城里学生一样的假期外，还享有另一个假期，每年大约两个星期时间，那就是农忙假。这是个矛盾的名词，既"忙"何来"假"？但农村、农民以及农民的孩子就是这样，年复一年。

潘叔的小女儿阿芳今年念初三，虽说毕业班功课要忙些，但学校依旧像原先那样，每到插秧和收割季节都放农忙假。4 月 3 日开始，阿芳有一个星期的时间在家里帮父母春插。其实，几年来，两个姐姐都出外打工，每次农忙，只有她帮得上忙。今年的情况有些特殊，两个姐姐都辞了外面的工回了家，田头的事很多是全家人一起做，很快就准备好了，虽然上个星期阿清到了槎城的精电厂上班，但四五亩田的春插，全家四人出动，三天时间就弄完了。何况现在是抛秧，连腰都不用弯。

潘叔每年的插秧和收割，都比同村的其他人早些，这几乎成了他的习惯。潘叔往年要耕八九亩田，但今年他只耕了五亩，他觉得种得太多管不过来，何况去年的早造谷还剩下很多。3月5日到7日三天，潘叔除了值班外，就是到田里去耙田。潘叔有牛，就没有雇拖拉机，赖姨带领着阿花和阿芳抛秧，三天就把活干完了。跟往年耕作八九亩，又要请人又要换工相比，潘叔觉得轻松了许多，他说衙门村今年请人插秧的不多。三天之后，潘叔的秧田里还剩下一些秧苗，潘叔觉得浪费掉了可惜，就送了一些给村主任，剩下的则让两个女儿挑到走路约需四十分钟的坑田去。8日早上，潘叔早早把那一亩坑田耙了几遍，9点过后，赖姨带着两个女儿用了两个小时就把活干完了。至此，潘家整个农忙的主活就做完了。

带着一身泥巴，干完了这个农忙季节的大部分农活，潘叔一家急急忙忙往家赶，赖姨这个沉默寡言的客家女人走在最后，担着一副担子。

就在潘叔一家在山坑田准备收工回家时，陆婆托人到田里转告潘叔，他家在义镇的小舅子来了。赖姨兄弟姐妹众多，来的是排行最小的一个，是义镇中学的语文老师。赖老师是槎城师范94级毕业生，还未结婚。赖老师这次来仙镇是帮朋友采购青榄果苗的，因担心坐渡船难，赖老师先坐车到槎城，再从槎城坐车到仙镇。赖老师顺便在槎城买了几斤水果，虽说是到姐姐家，但一年也只有一两次，带点手信也是应该的。赖老师今年春节前就在报上看到了关于姐姐一家的报道，他认为关心农民的事情很好。

虽说女儿都那么大了，但"舅爷"进门，是不能怠慢的。亲戚来了，全家人当然要坐在一起，可惜阿清与陆婆都不在家。潘叔从田里回来，脱掉一身满是泥巴的衣裤，麻利地开始杀鸡做饭，而赖姨此时正忙着清洗晾干畚箕等农具。吃饭时，赖老师穿着西装，潘叔卷起袖子，二人对饮。潘叔说，累了一个上午，喝喝白酒解乏。

农忙一过就是农闲，但潘叔却是人闲心不闲。

每天除了值班，还能干点什么呢？家里的家务、田里的零活，赖姨已足以应付，花了100元买了三包磷肥一包尿素，暂时用着，没什么可忙的了。阿芳已回学校上课，阿清每个星期天回来，说在测试车间并不很忙，虽还未分到宿舍铺位，但与邻居同厂的阿菊一起住，也还可以。陆婆眼力不是很好，打麻将也是偶尔才玩一两圈，平日听听《胡不归》《帝女花》这样老掉牙的粤剧，串串一些老掉牙的邻居老人的门。

潘叔忧心的是阿花的工作。回来近一个月了，农忙帮帮也还行，但农忙已过，该找份工打了。

阿花并不很乐意在槎城做工，但潘叔不是这样想，虽然不希望她能赚多少钱，但也不希望她老是待在家里。家里的经济说不上特别困难，马马虎虎还铺得开，但那得全家平平安安过才行，要是有谁头痛发烧的，账面上就会出现赤字。潘叔是考虑得很周到的。14日那天下了大雨，潘叔在村里值班，从报纸、电视上看到市里召开台商协会成立大会的新闻，潘叔说仙镇正在建一间台湾老板办的厂，如果阿花能去那里打工就好了，"但那是要有人事（关系）的。"潘叔说自己没有人事。

14日的那场雨很大，又有风，很少见的，连东江河的水都倒灌进来了，一些田被淹了，刚抛下去的秧浮了不少，得查秧补秧，幸好水退得快，衙门村没受很大影响。潘叔的秧早就插下去了，所以他没在乎这场雨，倒是自家老房子淋进了一些雨水，弄湿了一片地方。第二天，赖姨还是到田里去看了看，她有些担心秧苗被水冲了，但什么事情也没有发生，她终于松了一口气。

15 日下午阿清回到家，对潘叔说精电厂又招工了，问阿花去不去。阿花终于同意在市区找份工打。17 日一大早，阿清带上阿花到了厂里，报上了名，下午考试。第二天上午填了表，交了押金，接着培训了一个下午，然后在家里等候上班通知。

潘叔的心也许可以安静一阵了。农闲的季节，日子就是这样平淡。

没工作才真正痛苦
——阿清的打工生活

阿清进了槎城精电厂。

她还算幸运，第一次没报上名，第二次招工她便进厂了。

在家闲了近两个月的阿清，曾去过徐村一间发夹厂，但只干了四天，因那厂太小，四十来人，且时常没货来，无工可做。老板随时通知，今天有货今天上班，明天没货就别来。这简直像做钟点工，阿清不想干就回家了。

3 月 17 日报名，18 日考试。精电厂里出的试题不算难，语文考句子，数学考加减乘除，再考一下二十六个英文字母。对考试，阿清觉得没什么问题，最让她心急的是等通知。从 17 日起，阿清几乎每天都下市区。一个星期过去了，阿清在红榜上看到了自己的名字，她那颗悬着的心终于放了下来。阿清说，自春节前夕从深圳沙湾辞工回来两个月，人是清闲了许多，但没事做，心里总是很烦，出去找朋友玩也不开心。人闲着，总觉得心里空空的。

3月24日，阿清正式上班，但她心中也没个底。工资到底有多少，她不清楚，进厂时厂里没说明，听说是300元，另加20多元的卫生费补贴。也许过了一个月培训期后，工资会多点。由于计件，厂里许多熟手一月也能拿到500元到800元。对工资，阿清并不是太计较。她说："有事做就安心了。"每次对着照相机镜头，阿清都显得很腼腆，总说不要拍。她边拿着根树枝拍打地板，边述说她六七年来的打工生活。

阿清在厂里吃，每餐1元钱，有时她也在外面小店吃每餐2元的饭菜。住呢？由于今年精电厂扩大生产，新招了几百人，寝室一下子安排不过来，阿清只好与先她一个月进厂的老乡搭铺。住七楼，又没水冲凉，得从楼下提水上去。更要紧的是，热天很快就要来了，两人挤一张窄板床不是个长远之计，阿清对此很是担忧。

打工就是这样，再苦也没有办法。

阿清17岁就离开家乡去打工了。17岁，正值青春年少，阿清并不知道外面的世界到底是怎么回事，懵懵懂懂的，她在亲戚的带领下去了蓝镇一家饭店。两个月后，她又经熟人介绍，去了深圳平湖一家塑胶厂。干了三个月，阿清又离开了，不是不想干，她只是想找个效益好点的厂子，多挣点钱回家。

阿清在深圳横岗那家表壳厂干的时间比较长，有两年。由于表兄在那里当部门主管，多少有些照应，阿清也不偷懒，时常加班加点。吃住厂里全包，阿清每月工资最少时也能拿到500多元，多时还能拿到1000元。她赚的钱自己花得不多，往往凑足个整数，500元、800元地往家寄。

但好景不长，毕竟年轻，阿清经历世事不多。一天，厂里二十多个女工因感到厂里给她们的待遇不算好，就集体睡在寝室里不上班，阿清也是其中一个。这下把老板给惹恼火了。

二十多个女工一起被老板给"炒"了鱿鱼。阿清只好卷起铺盖离开了这家干了两年多的表壳厂。她不敢再意气用事了，她怕再丢掉工作。对她而言，没工作才是真正痛苦的事。

阿清后来去了深圳沙湾一家精电厂，在那里，她安心地工作了三年。可是，一个姑娘家老在外漂泊也不算回事，23岁了，阿清也想有个归属。于是，征得父亲同意后，她于1月25日辞工，回到了家乡。

现在，阿清又进了槎城精电厂，她深深吁了口气。找工作真够折腾的，对于这份工，阿清打心里十分珍惜。

潘叔记事簿

4月2日：记者来采访。

4月3日：下很大的雨，值班；阿清中午回厂上班，阿芳学校放农忙假。

4月4日：耙"上猪笼"那点田，女人修田埂。

4月5日：抛秧，自己耙，家中三个女儿抛秧。

4月6日：早上耙田，值班，下午继续抛秧。

4月7日：耙山坑那片田，下午两个女儿送秧进去。

4月8日：早上9时去坑里抛秧，四个人，三个小时做完了；义镇的小舅子来了。

4月9日：值班，女人收拾农具。

4月10日：值班。

4月11日：值班。下雨天，没人在家。陆婆打麻将。

4月12日：下雨，值班。

4月13日：值班。

4月14日：大风大雨，值班。

4月15日：女人早上去看禾苗，没被冲坏；阿清下午回来说厂里又要招工。

🌑 第九章

猪出栏了

4 月 23 日早晨，也就 3 点钟的样子，家里其他人都还在熟睡，潘叔和赖姨却早早地起了床。

农家的日子一年四季都很平淡，像这样的早起，并不常见。潘叔两口今日特地起个早，是因为有事要办：家里的猪养肥了，要出栏。猪是卖给别人宰的，但屠工来宰猪时，他们也得起来帮帮手。

屠工来了两个。到了潘叔家后，忙着把猪宰杀掉。潘叔和赖姨则取柴、生火、添水，烧出一大锅水来，以便让屠工们烫猪。

潘叔这次出栏的猪是两头，都是 1 月份抓的猪苗。从 1 月 13 日起，潘叔采取由赣州军分区养猪技术员到村里来推广的快速养猪技术来喂养自家的猪，尽管没有预期那样生长得快，但总体说来，生长情况还是比传统养猪法要好。和以往相比，同样的重量，猪出栏的时间，大约提前了一个月。

四个人忙活了好大一阵子，将猪烫了，然后开膛破肚，剔出太肥的肉，最后过秤。赖姨则仍在灶边忙碌，她将部分猪杂，外加一些精肉，熬了一锅靓汤。辛辛苦苦了三个月零十天，养肥了两头猪，这一顿新鲜的肉汤，一家人是必定要喝的。

潘叔忙着和屠工算账。两头猪，宰出的猪肉总共有 225 斤。价钱是早就议定了的，按时下的行市：每斤肉卖 4.5 元钱，两头猪的肉，总共卖了 1012.5 元。以往，屠工们手头周转不过来，肉钱会拖上一阵子，这次，两个屠工待肉一称完，便把肉钱如数付给了潘叔。

潘叔手里拿着这一沓钱时，心里不免也很高兴。这笔收入，完全可以计入家庭的账中，因为，税收和其他费用，将全部由屠工缴纳，已不关潘叔的事了。

潘叔将一家人叫起来，围坐在一起喝肉汤，一家人有说有笑的，显得十分融洽。80 岁的陆婆身板还硬朗，时常会去圩镇上逛逛，这不，本星期她还专门到镇政府"旅游"了一回，并特意叫阿花用相机给她照了相，这倒是很难得的。而阿芳还在上初三，与姐姐们的日子离得还远，她最得意的事是，同村的阿菊（阿清同龄人）要参加招工考试，向她借化学书用，她爽快地把自己的化学书借给了她。阿花很高兴，终于有机会帮上姐姐们的忙了。

最近一段时间以来，潘家的日子还算过得轻松：阿花的工作总算解决了，进了槎城精电厂，虽说清洗玻璃苦了点，累了点，但总比没事做要强得多。前几日"华明"到村里招工，潘叔征求阿花的意见，要不要也报上一个名，但阿花放弃了。由于连日大雨，田里的秧苗长势并不算好，但还是比邻居们的强，16 日，稻田又施了肥，每亩 30 斤，只要天一晴，有阳光，秧苗就会很快地长起来。现在，唯一令潘叔有些担忧的是，陆婆患了伤风，她怕多花钱，打过两次吊针后，就再不肯去就医了。

潘叔一边喝肉汤，一边在心里合计着：再去抓几只猪苗来养。

其实，他心里很明白，养猪并不能赚上多少。这次出栏的猪，卖了1000多元钱，但仅饲料钱每头猪每个月就得40多元，这样算来，一头猪也就赚下150多元钱，好在用快速养猪法来养，出栏时间缩短了，也算是一个赚头吧？可是，不养猪，剩菜剩饭又到哪里找出路？

潘叔决定：继续养猪，还是两头，还是用快速养猪法来养！

记者采访手记之二：

潘叔说，"三讲"要"讲"到村里

人们都知道，"三讲"教育是一次教育活动，对象是领导干部，由上而下进行，先是中央各部委、省，而后是地市一级，最后是县处一级。到目前，本市各县区的"三讲"教育才刚刚铺开。按照"三讲"教育活动总体部署的要求，"三讲"到县级就结束了。但是，潘叔却说，"三讲"最后终究是要讲到村里来的。潘叔这话很特别，令我们几个人印象深刻。

去年12月中旬，我们按预定的时间进入潘家，对他们一家的日常生活进行采访、报道，在近五个月中，我们每周星期六或星期天，必去潘叔家，并在那里盘桓一日。一来二去，我们与潘家人也十分熟络了，所以，每次例行采访一结束，我们还会和潘家人在一起聊天。有一回，大约是在2月底吧，我们说到了"三讲"。我们问他们，"三讲"是哪"三讲"？女主人赖姨先说："'三讲'就是讲文明、讲礼貌……"还未等赖姨说完，潘叔马上就大笑了起来，说：

"那是'五讲四美'，哪是'三讲'？'三讲'是讲政治、讲学习、讲正气。"接着，潘叔便讲出了那句令我们印象深刻的话来。

在许多人的心目中，农民是不大关心政治的。其实，这是一种错误的观念。农民对政治生活是很关注的，特别是对与自身利益相关的政治生活更是如此，潘叔便是这样。在与我们的接触中，潘叔时常和我们聊起当前国内外的政治事件并表达自己的意见，潘叔从电视上了解到很多东西，对市里的中心工作，那就更不在话下了。也许与别的农民稍有不同的是，潘叔正在积极争取入党。

潘叔并非不知道"三讲"教育活动只开展到县一级为止，这在他平时的谈话中我们已经了解到了这一点。按我们的理解，他说这句话的意思，其实是说，"三讲"教育的精神，应该每一个干部都要领会，并付诸行动，哪怕是村里的干部也都一样。不要以为潘叔只是说说而已，其实他也曾采取行动，令人觉得意外。

潘叔曾做过一件事，也令我们几个印象深刻。今年早些时候，潘叔在报纸上读到有关"三讲"的学习材料时，便拿出纸笔，将材料中感兴趣的内容一点一点地摘录下来。潘叔将摘录的东西，其放在了村主任的办公桌上。

潘叔与村民委员会主任是同学，他摘录这些东西是为了方便村主任看，当然他也想把这些东西给村主任看一看。潘叔告诉我们，村主任知道是他摘录的，肯定会认真地读一读。

潘叔是一个普通农民，他对于"三讲"的认识并非十分深刻，而他的行动，也是十分个性化的。但是，我们意识到，他所做的一切，其实包含了大多数农民对农村基层干部的热切期望。

读者来信：

潘叔身上有很多闪光的东西

编辑同志：

《2000 年中国的一个农民家庭》在贵报已刊登至第八期了。我也一期不漏地读了（有时还反复阅读）。文章虽来自寻常百姓家，但细读起来却耐人寻味。潘叔本身是个农民，却又有诸多"亮点"在他身上闪闪发光。

家长潘叔是个普通农民，同时也是个普通村官。仔细品读八期文章，笔者惊讶地发现潘叔有十个优点：1. 热爱共产党，热爱新生活。2000 年新春展望时，他第一希望自己入党，第二希望女儿听话，第三希望大女儿能找个合适的对象，第四希望全家健康、愉快度日。春节，潘叔还用"摩丝"梳了个新发型。2. 爱岗敬业。从他的记事簿中不难看出，他值班、写计生工作总结、出村务公开栏、与妇联主任一起寻找查环查孕对象、抄县政府护林防火禁令等。3. 相信科学。热衷种杂优稻、塑盘育秧、人工抛秧。4. 勤劳、朴实。这表现在他赶牛、耙田、种地以及查看果树等事情上。5. 关爱女儿，希望女儿有出息。他亲自替女儿到学校报名交费，在寒风中苦苦等待大女儿回家过年，在公路边送二女儿搭车入厂，为女儿的出路心事重重。6. 肯帮助人，将多余的秧苗送给村主任。7. 关心天下事，看报看电视新闻，盼望台湾老板在镇里办厂。8. 体谅群众疾苦，写信给报社，赞扬廖耀宪是"农民的好代表"，为农村"减负"鼓与呼。9. 热情好客，热情接待报社记者，热情招待亲戚。10. 尊敬老人，心地善良，勤俭节约。当然，这只是笔者的粗略统计，潘叔的优点实际远不止这些。

人，是需要一点精神的。同样是农村，同样是农民，潘叔身上很多闪光的东西，恰恰是某些农民所缺乏的！就目前周围而言：村官胸无大志、夜以继日搓麻将者有之；农民不务正业、一心"筑长城"者有之；东游西荡，违法乱纪，迷恋"黄赌毒"者有之。于是我想：如果我们农民的家庭都像潘叔一家，那该有多好啊！

读者　叶××

潘叔记事簿

4 月 16 日：上班。向村民小组分发村里补助给种植杂优稻农户的肥料。每一斤种子补助 10 斤尿素，全村共用种子 1300 斤。

4 月 17 日：阿花到槎城精电厂报名并参加考试。想送她去厂，阿花不让。

4 月 18 日：上班。协助村妇女主任整理计生工作材料。阿花厂里人事科来电话通知她正式上班。

4 月 19 日：上班。

4 月 20 日：陆婆伤风，头晕，送卫生院门诊打吊针。华明高能纤维厂招工，分配给村里十五个名额，将招生简章写到黑板上并通知村民小组长到村开会。

4 月 21 日：报名入华明打工的人很多。厂里组织的统一考试下午在镇政府举行。

4月22日：上班。

4月23日：两头猪出栏，时间提前了一个月。

4月24日：上班。部分群众到村里反映招工问题，认为村干部走了后门，村支书向群众解释，村里并未插手此事。

4月25日：给稻田施肥。肥为复合肥，共150公斤。

4月26日：上班。发通知给党员、村民小组长和群众代表，29日到村里开会。

4月27日：上班。下大雨。

4月28日：上班。下大雨。

4月29日：上班。村召开会议，内容是殡葬改革、"二打一扫"和计生工作。从5月10日起，红村将禁止土葬。

第十章

深夜巡逻

深夜两点多了，潘叔还站在距瓷土厂不远的路口上，数着一辆辆载满瓷土的汽车，"一二三四"毫不含糊。

时针指向早晨三点，潘家的老木门吱呀一声开了，赖姨睡眼惺忪地站在门口，迎接这个在月光中站了五六个小时，又在月光的陪伴下走了半个多小时山路才回到家的男人。她感到自家的男人太辛苦了。

潘叔这几天心里不痛快。5 月 8 日，村委会主任在计算瓷土厂瓷土装载车数时，发现 4 月比 3 月收取的费用少了许多。村主任指示治安队要加强监督，以防漏洞。潘叔心中虽有些难受，但还是检讨了自己监督不严的过错，并解释说，4 月雨水太多，可能导致出车较少。其实，对瓷土厂，村里设有检查站，并派有一人专管，登记车辆。潘叔和另外两个治安员也不定时地去看一看，加强一下管理。春节以来，潘叔心想有专人管理不会出什么乱子，没料到这次弄得如此不"爽"。

潘叔这段时间确实很忙，做的事也很杂：家里春插不可疏忽，天降大雨秧田也不得不多加管理，还有花生也得追肥。两个女儿都安心打工了，时常还买点橘子什么的回来，这总算让他欣慰了一点。在村里，干部交待的事他一点都不敢马虎，有时抄抄黑板报，写写通知，抄写村务公开项目以及计划生育"四术"对象名单和各类宣传标语；有时他也摘录一些报纸上的东西给村干部提提建议；和妇女主任下槎城找计生"四术"对象，计划生育工作是村里的大事，潘叔与他的队友时不时要参与，并将情况写在监督板上公布；五一劳动节期间，他还要与治安队员们一起打扫村办公楼的卫生。镇上的工业园，前来投资的外商及本地商人越来越多，前不久他才抄了一次招工启事，并协助村里开展招工工作，5 月 5 日他又得抄招工启事。这次是电车厂（制衣厂）招工，而且面向全镇，共有 160 个名额。这次村里通知村民直接到镇上报名，以免有些村民产生猜疑。

每当上级来人到村里视察工作或外地来人参观，潘叔总要做些接待工作。但如有空闲，他也坐下来与人天南地北地闲聊。潘叔事多，但本职工作还是维持村里的治安秩序。5 月 13 日，他在圩镇张贴了两个通告，一个是《广东省公安厅关于敦促赌博违法犯罪人员限期投案自首的通告》，另一个是《市人民政府关于强化殡葬管理的通告》。潘叔真的很忙，但对瓷土厂一事，他还是调整了一下认识。接下来的几天，潘叔便与另外两个治安员做了沟通，又继续了他的巡逻。

瓷土厂距村里有一些路程，走得快也得花上半个多钟头。每晚 9 时到次日早晨 2 时或 3 时，潘叔就站在夜风中，迎着一束束扫射过来的汽车灯光。蚊子、飞蛾在身边飞来飞去，潘叔不得不时不时拍打一下。这天真闷热。

在回程中，记者见到了正急急往家里赶的赖姨，她特地走路到圩镇买了李子，本来是打算招待记者的。

协助妇女主任开展工作

全市夏季计生集中服务活动擂响战鼓，红村也不例外。潘叔说，红村是镇里的牌子，是计生工作的示范点。作为村里的治安员，潘叔也责无旁贷地挂钩了两个计生"四术"对象。两对象均已生一女娃。

现在县里计生工作重心下移到村，红村在这方面抓得紧。早在 3 月底，潘叔便受命在村里写计划生育"六公开"黑板报，协助妇女主任及镇里计生专干做关于计生工作的总结，并下槎城追查未落实查环查孕的几个对象。潘叔对这件事一直没敢有半点马虎，因为一旦出现超生现象，一票否决之后红村这块叫得响的牌子就砸了。目前，红村已完成这一季度计生任务的97%。5 月 23 日要全部落实，镇里计生服务站的医生会来村里检查，防范工作出现漏洞。5 月 11 日，镇、村干部一行三人特地前往东莞追查一个"四术"对象。村里抓得紧，潘叔对自己挂钩的计生对象也相当警惕，因为两对夫妇四年后还可各生一胎。四年时间，谁知道会发生什么事？潘叔只好时常到他们家走走，及时要求他们做检查。好在那两对夫妇也不埋怨他，因为思想工作早已做通了。

潘叔知道，以后村里的计生工作还得继续。潘叔要帮着明晰村里计生卡册，做做报表，如生育报表、死人报表、新婚报表、"四术"报表等。对这些工作他没有怨言，只希望红村永远走在前头。

潘叔记事簿

4 月 30 日：值班。阿清和阿花放假一天返家。

5 月 1 日：休息。全家过节，加菜加肉。天下大雨。

5 月 2 日：值班。阿清、阿花早上六点多起来，吃过早饭后赶到市区上 8 点钟的早班。下午去看秧苗有没有被大雨冲走。

5 月 3 日：值班。去镇上代办点交电话费，共 90 多元，这是除春节外电话费最多的一个月。

5 月 4 日：值班。在村办公室里打扫卫生，以备村干部 5 月 5 日上班。给花生地追肥。

5 月 5 日：值班。抄写电车厂（制衣厂）的招工广告。

5 月 6 日：上午记者和县委办谢秘书来镇里。村干部到市区寻访计生对象，落实是否采取计生措施。

5 月 7 日：值班。

5 月 8 日：记者、县里新闻秘书、镇干部来，先到村里找村书记、主任了解村务公开，后到镇上了解工业园之事。晚上到瓷土厂巡逻。

5 月 9 日：值班。

5 月 10 日：女人到花生地除草。

5 月 11 日：值班。

5 月 12 日：值班。镇村干部去东莞追踪计生对象。

5 月 13 日：值班。在圩镇张贴关于殡葬改革和禁赌方面的通告。

第十一章

无法悠闲

　　小女儿阿芳说不想考高中时,潘叔并没有说什么。

　　对女儿们的意愿,潘叔一向很尊重。成绩不太好,这是阿芳放弃考高中的主要原因。

　　阿芳初中毕业,结束九年义务教育,离开了校园,谁也不知仍穿着校服的她有什么心事。

　　潘叔口里没说,其实心中并不十分乐意。阿芳还不到 18 周岁,还小,不读书,待在家里能干什么? 阿清、阿花的工作好不容易有了着落,现在,阿芳何去何从又成了潘叔的心事。

　　正是农闲,秧苗在田里疯长,除了偶尔打理一下花生地的杂草,家中的事潘叔几乎不用插手,赖姨一个人便足够应付了。16 日那天,潘叔到圩镇上逛了逛,买了只小猫回来。自从年初那只猫死后,潘叔也养过一只,但那猫太懒,潘叔这才决定再买一只。这猫很小,放在那儿整日整夜叫得人心烦。

　　村里的事,总没有做完的时候,潘叔悠闲不起来。夏季计生工作催得紧，潘叔不时得写写通知什么的。瓷土厂的巡逻，潘叔不能疏忽大意，间或便与另一治安员去走动走动。

19日上午10点多，铁路公安处的两名干警送来了两份宣传资料，一份是《致铁路沿线耕牛户主的一封公开信》，一份是关于严禁拆盗、损坏、收购铁路器材的文件，共有三十几张，要求下发到各村民小组。此外，还要求做好有耕牛农户的统计，落实责任，与铁路公安处签订《防止耕牛肇事协议书》。这种工作，在大前年也曾做过。

潘叔便把宣传材料发到了地处铁路沿线的田成、老楼、新楼等几个生产小组的组长手上，让他们四处张贴，并把耕牛户统计好。

24日上午，潘叔正在村里值班，衙门生产小组的组长来说，有两户村民发生了打架事件，双方都受了伤。恰巧村干部均不在，潘叔便让她先报派出所处理。事件不大，双方只不过因为点小矛盾打斗，医院检查的结果也只是皮外伤，派出所便移交给村里处理了。

中午，潘叔与另一治安员前去调查事件的详细经过，以便回头好向村治保主任汇报。

28日一大早，阿清和阿花便从厂里回来了。潘叔让赖姨先做好饭，他则带上那两户村民到治保主任家中进行调解。大约10点钟，潘叔才回到家，事情基本上摆平了。一家人围坐在桌前吃早饭，有说有笑的，家里洋溢着快活的空气。80岁的陆婆叫记者拨通了远在蓝镇居住的大儿子的电话，她打着手机，和儿子嘘寒问暖了一番，既开心又紧张。

记者采访手记之三：

潘叔看殡改

潘叔看问题常有他的独到之处，在与潘叔不断的沟通与交流中，记者的那种感觉愈发强烈了。

4 月 30 日那天，闲聊之际，潘叔忽然发了一声感叹："现在凡是碰到'生'和'死'的工作，都很难做。"言毕还特意拿出两张关于殡葬改革的宣传纸。按照条文规定，红村从 5 月 10 日起将一律禁止土葬，而实施火葬。

"这么多年的老观念了，要一下子扭转过来，并不是一件易事。"潘叔接着说，干部一定要把工作做细致、做周全。

"殡葬改革能不能搞下去，要看工作做得如何，如果开始的一些工作没搞好，下面要进行就难了。"潘叔举了好多例子，像关于棺材，他说，这边在禁土葬，那边却在卖棺材；此外，农民已经买好的棺材如何处置呢？"有人说一把火烧掉，这能行吗？开不得玩笑，必须想个法子解决好。"潘叔觉得，对实行火葬的有关各项收费要列清楚，让农民心中有数。

平时的工作繁杂而忙碌，但潘叔还是时常关注着报纸、电视，从中央到地方，大事小事，潘叔多多少少都了解一些。

潘叔关注 5 月中旬关于邻县落实殡改的一则报道。他说从这件事可见政府在殡改工作上的力度和决心。对于殡改最终将落实，潘叔并无怀疑："政府决定的事，哪有处理不下来的。"

一般来说，农民的思想都是较保守的，忌讳的东西也多。潘叔给人的印象却不是这样。比如对于"死"的谈论，潘叔并不避忌，像"人老了，总是要死的，谁家没个老人，自家也有，没什么不吉利的"之类生死乃自然之理的话，从潘叔口里出来，不能不让人有些讶异。

潘叔的一些看法是积极的，是基于理解和支持的。丧葬的观念，在人们尤其是农民来说是根深蒂固的。但从潘叔的身上，我们却惊喜地看到，随着农村经济的不断发展，人们思想中旧的堤坝正在被一股新流所冲决。

潘叔记事簿

5 月 14 日：阿清和阿花回家玩。阿花有点感冒，当晚又回厂上班。

5 月 15 日：阿清一早起来回厂。值班。阿芳不想参加升高中考试，学校说不用再去上课了。

5 月 16 日：到圩镇买了一只小猫，8 元钱。

5 月 17 日：值班。

5 月 18 日：在村委会门口写板报，通知 23 日查环查孕的事；晚上又去瓷土厂巡逻。

5 月 19 日：发计生通知给各小组长，要求通知到个人，按时到村委会查环查孕；铁路公安处送来宣传资料三十余张，分发到各生产小组。

5 月 20 日：值班。在村委会打扫卫生；记者来采访。

5 月 21 日：值班。

5 月 22 日：值班。

5 月 23 日：有 62 名计生对象到村委会接受查环查孕。挂钩的两对夫妇头胎均是女孩，其中一对去年按规定已核发准生证。

5 月 24 日：值班。接通知村里两户人因纠纷打架，调查事件起因并做记录。

5 月 25 日：值班。

5 月 26 日：市扶贫办一领导来村与村主任等干部座谈。

5 月 27 日：值班。继续处理 24 日那起纠纷。

5 月 28 日：阿清和阿花从厂里回来玩；记者采访。

第十二章

家有喜事

这些天，潘叔见到谁都笑嘻嘻的，全家人都在一种欢乐的气氛中生活着。

6月6日是端午节，潘叔称端午节为"端阳节、五月节、穷节"。这天一大早，潘叔、赖姨就与邻居们一样忙活开了，烧香、放鞭炮、杀鸡，还特地到街镇买了几十个粽子、一瓶啤酒，才兴冲冲回到家里。

潘家这天要招待两位客人。

端午节前一天，潘叔接到一位徐先生的电话，说广州某学校看了报上关于他们家的报道，得知阿芳初中毕业不再念书的情况后，欲免费招收其入学。接到这个电话后，潘叔很激动。其实，嘴上虽说女孩子家念到初中就算了，但潘叔心里却希望三个女儿中能有一个多念些书，长点见识，也给家里争点光。廖老师和徐先生是近11时才到的，这时潘叔才知道他们说的是"广州岭南工商专修学院"。吃中午饭时，廖老师认真问了潘家的情况，并嘱咐阿芳不要把书本扔在一边，要多复习。他还说，中专部有十四个专业，如果阿芳顺利入学，学院将免去其除伙食费以外的其他费用，三年后积极推荐其就业，或继续供其就读该院大专部。

这事对潘叔一家来说是喜事。7 日那天，赖姨提着猪肉、水果回了一趟义镇的娘家。她把学院的宣传画册拿给在中学教书的弟弟赖老师参考。赖老师说念电脑专业好些。潘叔 9 日到槎城买风扇，也特地到了堂兄家说阿芳的事。堂兄一家都表示赞成。邻居们也开始知道这事，村里人都替潘叔高兴。在潘叔看来，这事比他将在下个月入党更加让他觉得脸上有光。潘叔写了多次入党申请书，终于即将如愿以偿了。红村共有四人填了入党志愿书，另外三人中有一个是村干部，有一个是妇女。

前些日子，天气酷热无雨，田里的水稻渴得厉害，全村的田地都旱，甚至全市都旱。天不刮风，天不下雨，天上有太阳。潘叔拉了根几十米长的塑料水管，从小溪抽水到田里灌溉。潘叔从报上得知今年北方也旱得慌，感叹地说：农民得靠天吃饭。潘叔的水田全遭旱了，3 日那天，他与赖姨冒着酷热，借邻居的小水泵从上午 11 点 30 分开始抽水，抽了五个半小时，花了 8 块钱电费，共灌溉了 2.5 亩水田，其余的田由于水管不够长就没灌了。幸亏 7、8 日两天下了几阵雨，旱情算是缓解了些。

这些天，潘家的事情都挺顺的。陆婆身体比前些日子好了些，嚷着要去蓝镇看孙子孙女，赖姨就把她带去了。潘叔弟弟打电话来，说陆婆情况很好，要待一段时间。阿清与阿花两姐妹在精电厂开工正常，还常要加班。村里的事情不多，两位村民打架的事也妥善解决了，打人者赔了医疗费、营养费 500 多元，双方还签订了一次性处理协议。地里的黄豆、赤豆、眉豆、黑豆已收了一半，几十公斤豆子花花绿绿地晒在屋后的晒场上，煞是好看。

记者采访手记之四：

农民有话说

《2000 年中国的一个农民家庭》已隔周连续报道了 12 期，一年的报道计划已完成一半。开年以来，我们每个星期都来往于市区与红村之间，从陌生到熟悉，从拘谨到无所不谈，这个村庄的老人与小孩，男人与女人，都友善地对我们露出笑容。

当村民们慢慢地知道经常出现在他们村庄的这几个挎着相机包的陌生人是记者时，他们先是有意无意地经过潘家门口，见面时则笑一笑，再是搭搭闲话：又来了？吃了吗？再然后他们就坐下来，对我们——他们认为值得信任但又不一定帮得上忙的记者们，讲述他们的遭遇或感想，而每次诉说之前他们通常说：向你们反映一件事，不知你们能不能登？他们反映了很多情况，这些情况与他们的生活息息相关。这使我们更深切地了解了农民的苦与乐、喜与悲，他们的困惑、他们的希望……这一切，让我们更加感觉到前行步伐的沉重和坚定。

农民是弱势的群体。农民的"弱"体现在农民一直处于经济、政治、文化的最边缘和最底层。刮风下雨、天旱瘟疫、子女入学、架桥修路、生老病死……几乎每一件事对农民来说都是大事，农民的日子过得谨慎而惶惑。

农民的要求其实很低。种水稻种花生种水果，养鸡养鸭养鱼虾，农民要求的只是老天该下雨时下雨，该天晴时天晴，风调雨顺、五谷丰登。农民只要求种子不假，化肥不贵，蝗虫不来，鸡瘟不发，不打白条，卖个好价。农民在苦闷时只想有人（记者也罢，干部也罢）坐下来听他诉说。倒完了肚里的苦水，回家去他们还照样"推碾子拉磨"。

牢骚归牢骚，农民兄弟知道，明天太阳出来还得去爬那山坡。

潘叔记事簿

5 月 29 日：两个女儿返厂。值班。

5 月 30 日：陆婆在女人的陪同下去蓝镇的弟弟家。中午了结村里打架事件。下午群众举报有人非法砍树，是假报。

5 月 31 日：请假下市区，帮侄女搬家（从深圳横岗搬回槎城）。

6 月 1 日：值班。下午到山坑里看花生，引山泉水，全村都有些旱。

6 月 2 日：值班。填写入党申请志愿书，红村共四人。

6 月 3 日：报社司副总编来访。抽水灌溉，解决了 2.5 亩水田旱情。

6 月 4 日：值班。两个女儿回家。

6 月 5 日：收割黄豆等豆类作物 20 公斤。女儿回厂。记者及徐先生来电联系阿芳读书事宜。

6 月 6 日：端午节。广州岭南工商专修学院廖老师及徐先生来了解情况。

6 月 7 日：值班。女人回义镇娘家，当天回来。

6 月 8 日：值班。镇府在红村召开红村、仙村两村"治理镇老街卫生脏乱差会议"。

6 月 9 日：上午值班。下午下市区买了两部"钻石"牌风扇，顺路去了一趟堂兄家。

第十三章

陆婆做寿

6 月，潘家的喜事一宗接一宗。陆婆八十大寿，算是其中之一。

陆婆，本名叫陆燕贞，她记不得自己是哪一年出生，但她很肯定地说，今年 6 月 21 日是她 80 岁生日。不过，她那 1986 年办的身份证却写明，她的出生年月是 1921 年 5 月 20 日。陆婆穿着新衣，她一头银发印证着岁月的流逝。她的身后，是她那 49 岁的儿子潘叔。

潘叔考虑到实际原因，并不想把陆婆的寿筵搞得很大，他粗粗地算了一下，三桌人就够了。把该通知的人通知了之后，20 日那天潘叔特地请了一天的假，专程到市区买东西。其实并不是什么特别的，不外乎鱿鱼、香菇、烧鸭，还有香烛之类，总共花了 200 多元。中午回到家，急急忙忙到圩镇请人写了四副寿联，与女儿阿芳一起分别把寿联贴在家里的木门、后门、巷门和榕树下大屋的大门上。寿联分别是"敢以康宁夸亲寿，但期宴乐洽嘉宾""愧无肖德悦亲颜，幸有嘉宾迎寿域""喜庆瑶池春不老，幸逢寿域喜祥开""萱荣北植，桃熟西池"。贴完寿联后，依照惯例，是烧香烛、纸钱，放鞭炮，谓之"上寿"。

21 日刚 5 点，全家人陆续起来了。潘叔首先到圩上买了些新鲜的猪肉、青菜等，之后夫妻俩就烧开水、杀鸡鸭。吃完早餐后阿清与阿花已请假坐早车回到家了。陆婆那在蓝镇的小儿子带着两个孙女也到了。8 时，一家人就在自家屋内搞了个"拜寿"的仪式，自然还是烧香烛放鞭炮。本来说八十大寿该到祠堂去"拜寿"，但潘叔不想张扬，就简简单单在自家里进行算了。以前"拜寿"，子子孙孙是要跪的，但现在不讲究这种形式了，有心意就行。全家人逐个对陆婆说些吉利的话，潘叔说的是"身体健康"，他弟弟则祝老母亲"活到 108 岁"。穿着阿清和阿花买的新衣服，陆婆笑眯眯地从口袋里摸出一个个利是，人人有份，乐得巷子里邻家小孩四处乱跑乱叫。

"拜寿"仪式一结束，宾客陆续到来，一个多小时的倾盆大雨也终于停了，阳光照在"天井"上，烧得正旺的红烛火焰左右摇曳，缕缕青烟透过光线，呈现出各种各样的曲线。光线的另一面，是潘家简陋的厨房，里面已忙成了一团。虽说潘叔以往常给别人"掌勺"，但自家办酒席，是要请别人的，主人家有其他更多的事要忙活。这次他请的是一位名叫"船妹"的本村人，按辈分，潘叔叫他哥。这位仁兄与潘叔在仙村的一位侄儿合作，弄出了白切鸡、烧鸭、扣肉、红烧肉、炒鱿鱼、炒肉丸、炒"上水"、清焖草菇、炒蛋卷、酿冬菇、炒青菜和猪肚鸡汤等，共十一菜一汤。由于厨房小、锅小，连摆菜都腾不够地方，三桌酒席只能分两次摆。开始两桌摆在邻家大厅里，由陆婆的小儿子领着陆婆和一些远房亲戚开席；第二席则在另一邻居家开席，招待几位邻居和"船妹"。从中午 12 点开席，竟吃到下午 2 点多才结束，啤酒、白酒，干了一杯又一杯，一片热闹非凡。

　　这边在热闹地吃喝，那边赖姨却忙着张罗给宾客们的"回礼"。按当地风俗，只要去参加红白喜事宴请或逢年过节走亲戚，是必须带上礼品的，俗称为"手信""格箩"（一种红色竹篾织成的盛器，用作装礼品，以前客家妇女走亲戚必定挑着"格箩"，远远可以辨认），20世纪70年代，当地农村人的"格箩"一般是猪肉（半肥瘦腩肉，一刀切）、布匹、糯米类食品、橘子等，现在更多的是带点水果、"红包"，女人家则可能带上一两只鸡（一般为公鸡或未下蛋的母鸡）。而主人家是要"回礼"的，寓"礼尚往来"之意。这次给陆婆祝寿的宾客，带来的礼品新旧方式都有，如鸡、猪肉、酒、鞭炮、"贺礼"（钱）等，子孙辈一般是送钱、衣服、补品、首饰，而远房亲戚一般送块猪肉或一只鸡，但除"本房人"（居住在同一大屋同姓人）外，所有宾客必须带上鞭炮在进门前燃放。"回礼"也很讲究，赖姨这次给宾客们"回礼"，就一边收拾一边问年长的妇女。比如有物来的不接"礼"（钱），"回"钱；有鸡来的要"回"鸡大腿（或鸭大腿）；祝寿的全部要"回"寿饼（一种印有"寿"字样的饼，农家用寿饼模自做）。这一切做得七七八八的时候，太阳就快下山了。宾客们走完后，潘叔终于可以坐下来认真地吸上一支叫"芙蓉后"的烟，这是潘叔近期抽的最"豪华"的一种烟了，而且一下子拿出三四包。有什么所谓呢，"家有一老，胜过一宝"——喜事！

　　陆婆这次80寿宴，潘叔总共花了800多元钱，但扣除宾客们送来的"贺礼"，实际上花掉的钱并不多。这并不是潘叔最关心的事情，能够让80岁的老母亲多一点开心，潘叔就很满足了。他还清楚地记得母子俩一起经历的孤儿寡母的艰难日子。

　　然而，这个操着一口广州话的老人，却记不大住那些已成为历史的过去了，她反复唠叨地讲述着关于"走日本""生产队贫农组长"以及她的三次婚姻的故事。

明天是 7 月 1 日，潘叔又要忙了，一是入党宣誓，二是广州岭南工商专修学院院长来给阿芳送录取通知书。

潘叔记事簿

6 月 10 日：记者来。值班。

11 日：值班。调解一宗夫妻打架事件，告诫为夫者不准打妻，为妻者不准滥赌。两个女儿回家。蓝镇的弟弟带陆婆回来。

12 日：上午犁了一亩多山坑田，放水晒田，备作冬耕。中午值班。两女返厂。下午下雨，着雨衣犁田。

13 日：上午犁田。中午值班。市扶贫办来人到村选厂址，准备办彩灯厂，但未确定办厂时间。

14 日：上午值班。下午李记者送阿芳读书的志愿表格来。到中学去盖章、写鉴定，与吴校长和阿芳的班主任李老师说了阿芳的事。

15 日：早上到市区找到徐先生交表格。中午回来，写了关于"17 日党员两评"和"农户上报冬造杂优种"的通知。

16 日：值班。碾了一担谷，花了 4.5 元钱。

17 日：女人将碾谷剩下的糠挑到圩镇卖，卖得 10 多元。在德保制衣厂打工的女人的妹妹无活做，过来玩。记者来。

18 日：值班。下午整理夏季计生工作材料，迎接市抽查。阿清、阿花回家。

19 日：值班。写计生宣传标语，写黑板报。市、县组织部到村里拍专题片。晚上村里发生打架事件，事态严重。

20 日：请假到市区买陆婆生日所需东西，花了 200 多元。下午贴寿联。

21 日：陆婆八十大寿，宴请宾客。

22 日：值班，两女儿回厂。晚上参加县、镇组织的行动，与另一治安员一起随同执行任务，通宵未睡。

23 日：值班，写宣传《土地法》的标语。晚上继续执行任务。

24 日：张贴计生、《土地法》宣传标语。

第十四章

潘叔入党

一面鲜艳艳的党旗挂在墙上，平平展展的。潘叔从坐着的地方起身，走到党旗前，面向党旗，庄严地举起了右手。

潘叔脸上表情严肃。也许这一生中，他还从来就没有这样严肃过。

这是一个特别的日子，这也是一个最重要的时刻。对潘叔来说，从今而后，他的生活将呈现出别样的意义来。潘叔庄严地举起右手，向党宣誓。

领读誓词的人朗声读出了誓词的第一句。潘叔也跟着诵读誓词。一句接一句，领读人的话音才落地，潘叔便跟着说出。誓词是抄写出来的，就贴在墙上，那上面是他最熟悉不过的字体。誓词是潘叔抄写好的，也是他亲手贴在墙上的。那时是9点，他贴得一丝不苟。

2000年7月1日，上午10点45分，普普通通的中国农民潘叔，宣誓加入中国共产党。他宣誓的地方，是村委会办公楼一楼会议室，这是他常常要来打扫卫生的地方，就在他值班室的隔壁。他的旁边，是另一个普普通通的农民，姓徐。他们一同宣誓。在他们的身后，是红村党支部的三十名党员。

潘叔不知道这一天有多少人宣誓入党，他也无从知道，他只知道，包括他在内，红村支部一共向镇党委上报了四个人，只批准了三个，另一名则在别的地方宣誓。潘叔心里感到十分高兴，他发自肺腑地说："我实现了自己的心愿！"

潘叔是在去年的 5 月 30 日写的入党申请。入党申请书不长，但字字句句都透露出了他的真诚。红村党支部接到申请后，将他纳入建党对象中，并委派一名支委委员对他进行培养。潘叔十分感谢这位老党员，因为他常常到家里来做潘叔的工作。他教育潘叔，要提高思想觉悟，要有上进心。

潘叔想入党，想法是早就有的，只是迟迟没有写申请。但他知道，党员必须严格要求自己，事事要带头。

宣过誓以后，潘叔代表新入党的人发言。他在发言中说："今天，我成了一名预备党员，我感到非常光荣。从今天起，我将进一步从高从严要求自己，使自己能成为一个合格的党员。我要把自己能发出的热和光，全部贡献给党和人民群众，更好地为人民服务。"

发言稿是潘叔 6 月 30 日有意准备的。没有人要求他写发言稿，但在 27 日，支部通知他 7 月 1 日上午去宣誓时，他已经想到，到时肯定会让他发言。所以，这几天，无论是准备杂优种子还是办秧田，他都一直在考虑着这件事。30 日晚，他总算挤出一点时间，将自己心里所想的话写了下来。

潘叔说，批准他入党，说明党组织对他十分关心，党员们对他很信任。从今往后，他只能干得比以前更好才行。他说："要更多地发光发热。"

他的耳朵里，始终回响着镇党委副书记在宣誓后代表党委对新入党的人所提的要求："党员要先人后己，从高从严要求自己，树立党员形象，发挥先锋模范作用。"

潘叔坐在党员们中间听着，脸上露出了微笑。

入党申请书

红村党支部：

我是生在新社会，长在红旗下，喝糖水长大的，在共产党的阳光雨露沐浴下，我深深地体会到，中国共产党是中国工人的先锋队，是中国各族人民利益的忠实代表，是中国社会主义事业的领导核心。党的最终目标，是实现共产主义的社会制度。

我志愿加入中国共产党组织，入党后我保证：对党要忠诚、老实，在生活、工作、学习和社会生活中起先锋模范作用，带头维护社会秩序，发扬社会主义新风尚，讲文明、讲道德，为红村人民群众利益做出自己的贡献。值此向党组织提出申请。

申请人：潘××

1999 年 5 月 30 日

姐妹易读

阿花或许连做梦也没想到，出了校门，在已经打工三年，差不多已完全适应打工生活以后，自己还会重返校门，第二次去读书。

但这是真的，并不是做梦。

潘叔已经致电岭南工商专修学院，请求重新填表，发录取通知书。

机遇原本是垂青于阿芳的，现在姐妹俩将易位。20岁的阿花将去广州上学，在岭南工商专修学院度过三年的学生生活；17岁的阿芳将外出打工，或许就要到阿花打工的地方接着阿花的事来做。当然，阿芳能享受到的待遇，阿花也可以享受得到。热心的岭南工商专修学院已基本上同意了这姐妹俩的"易读"。

家事无大小。那天晚上，潘叔把阿花、阿芳叫到一起，郑重其事地征求两个人的意见。阿花和阿芳都表明了自己的态度。阿芳肯定地表示，她不愿意去上学，她想出去打工。阿花回答说，她愿意去读书。

在潘叔的几个女儿中，阿花读书的成绩是最好的，她也很想读书。那年初中毕业，她考上了中专，原本以为可以继续学习，但潘叔却不让她去。家里的经济情况她是知道的，虽然也有怨言，但无奈之中，她也只得加入打工妹的行列了。阿花的读书梦并未完全破灭，她曾一边打工，一边去电脑培训班学习。

阿芳愿意打工而不愿上学，没有人知道她心里是怎么想的，潘叔也不太了解。阿芳一向腼腆，17 岁的她一见到陌生人就会躲开去。潘叔说，也许是到广州去读书，她心里怕吧。不过，对潘叔而言，两个都是自己的女儿，谁去都是一样，他都十分赞成。唯一的问题是，录取通知书上的名字是阿芳的。

录取通知书是 7 月 1 日送到家里的。

就在潘叔宣誓入党的时刻，几位稀客正坐在他的家里。他们是岭南工商专修学院的客人，是专程给阿芳送录取通知书来的。岭南学院的贺院长来了，还有一位姓朱的副院长也来了。那可真是个大好的日子，潘叔双喜临门，心里喜滋滋的。

令潘叔稍感不快的是，当贺院长要将录取通知书发给阿芳时，阿芳却不见了人影儿。

老半天才找她回来，她却死死靠在门框上不进屋。实在没办法，贺院长只得变通了一下，让阿花代替阿芳来接录取通知书，因为姐妹俩长相都差不多。

或许这正是一种冥冥之中的安排？阿花接了录取通知书，阿花也听取了贺院长郑重其事的教诲。贺院长说，欢迎你到我们学校上学，希望到校后努力学习，取得好成绩。也许贺院长当时并未想到，现在阿花真的就要去他的学校上学去了。

让阿花去上学，此前人们也曾提起过。不过潘叔却有他自己的想法，虽说去上学费用是全免的，但每个月生活费至少也要 300 元，而阿花打工每月少说也有 300 元以上的工资，这一来，每一月他都将损失 600 多元。对他来说，收入减少，经济压力增大，他不可能不犹豫。

但现在他的想法变了。

他曾经和镇委组织干事小刘谈起过这事。刘干事支持让阿花去上学。潘叔说，阿花去上学也许更好，阿花读书用功，肯学，能学到更多的东西，发展前途肯定更远大。

"将来我们两口儿老了，说不定还得靠她呢！"他说。

潘叔正在等着"岭南"来的消息。

阿花也在等着"岭南"来的消息。

潘叔记事簿

6月25日：配合村里工作，到瓷土场调解界线纠纷。

6月26日：县公安局到村里调查6月19日发生的打架事件，负责写标语、接待。

6月27日：村里召开党员、村民小组长及村民代表会议，镇主要领导与会，学习有关法律，分析"6·19"事件原因。

6月28日：值班。

6月29日：到自然村领取订购的杂优稻种子。晚造比早造所需种子多200公斤。

6月30日：下午到上梅子坑做秧地，预备在7月下旬开始插秧。

7月1日：宣誓入党，成为中共预备党员。岭南工商专修学院贺院长专程到家为阿芳送入学录取通知书。

7月2日：值班。

7月3日；市旅游局来人落实深圳福田区学生暑期环保夏令营到

农户家活动的情况。计划红村落实二十家，衙门三户，已登记填表。

7 月 4 日：上午到上梅子坑做秧地，旅游局通知接待深圳学生事取消，全红村最后落实十户。县"三同"工作组到村，分别住进了几个村干部家。

7 月 5 日：早晨 5 点下秧。旅游局来人到村为夏令营活动与家长、学生座谈。

7 月 6 日：早晨耙田，趁农闲将歇季的几亩田耙好。

7 月 7 日：发通知，镇司法所来人明晚到村上法制课。

7 月 8 日：早晨耙上猪笼秧地，准备明日浸种。深圳学生抵达，到农户家活动。

第十五章

下雨了，天晴了

22 日凌晨约 5 点 30 分，仙镇红村衙门自然村深院古宅里的潘家，冒起了几缕袅袅上升的炊烟。不久，不知是这家还是那家的狗开始一声声地吠叫起来，而鸡鸣声更是此起彼伏，从各家烟囱里冒出的炊烟慢慢笼罩了整个村庄，分不清是炊烟还是晨雾，到处白茫茫的一片。天亮了，村庄醒了，没有滴滴答答的雨水。

潘叔与赖姨都是在这个时候起来的。赖姨一起来就把劳累了几天的牛放出去吃草，而潘叔赶紧进厨房"做朝"（做早饭）。他站在老屋"天井"里抬头认真地看了一会儿天，紧皱的眉头略松开了点。

皱着眉头的不只潘叔一个，而是全村人，甚至更广范围里的农民。这是个收获的季节，农时不等人。俗话讲"小暑小割，大暑大割"，到立秋，秋插就必须要完成，可现在，大暑到了，雨水还像懒婆娘的裹脚一样下着。田里的谷子已开始倒串，已收的甚至还在穗串上的谷子也有开始发芽的，能不心急吗？16 日那天是星期天，阿清、阿花都回了家，于是全家出动到上猪笼割了一天的稻子。从 17

日开始雨却一直在下，潘叔说"今年这天不好"，割下的那点谷子一直等到 22 日才拿出来晒。像所有的村民一样，每天晚上电视播《天气预报》时，潘叔就睁大眼睛竖起耳朵，但电视始终没给潘叔带来好的消息。21 日这天，潘叔等不及了，夫妻俩与一邻居一起到上猪笼割了一天稻子，上午天气倒还可以，下午 2 点起又开始下雨。在时断时续的雨中，他们一直做到下午 6 点 30 分，收了 11 担谷子，约有 500 公斤的湿谷。

天气预报说 22 日有中雨，这个消息令村民们紧张得不得了。事实上，这一天虽然上午阴阴沉沉的，但从中午开始天就一直阳光灿烂。

8 点，上猪笼的稻田里，潘叔正有节奏地踏着脱粒机，把割下来的稻子一把把地"喂"进去。而赖姨与到潘家换工的两个邻居一起在埋头挥镰。不远处，村民们也一样在"追着日头"收割。潘叔风趣地说自己是"打手"，三个女人是"割手"。在当地，割稻子称为"割禾"，而将稻子脱粒叫"打禾"，但脱粒后晒稻子叫"晒谷"。来换工的两个妇女都还年轻，30 岁左右，是潘叔的邻居。换工这种形式在当地很普遍，几乎每家每户都这样做，就像以前的"互助组"。来换工的人自带工具，中午那餐就到对方家吃，轮到另一方换工时情况也一样。还有另一种换工方式，就是"以牛代工"，如一方没有牛，有牛的一方就仅提供牛，无牛方仍以人力换工。

正当潘叔、赖姨他们在汗流浃背地收割时，阿芳与陆婆在家里也忙着。屋后的晒场（当地话叫"地堂"）是四家人共有的，趁着有一家没用上，阿芳把那块地方借用了，但还是不够，于是又把谷挑到屋后另一个晒场去晒。已决定不再念书的阿芳，在家里干农活非常熟手，晒谷、翻谷、扫草，每样事都做得很顺手。她把小录音机拿到晒场边上，一边听着《还珠格格》中"你是风儿我是沙"的歌，一边一遍又一遍地翻晒谷子。太阳正猛，潮湿的谷子在暴晒下发出一种腥香味。陆婆摇着扇子，笑眯眯地给每个路过的孩子递上一把花生。

上月16日，潘叔在给猪圈补漏时摔了下来，把腰扭了，天天擦药酒、贴膏药。正在稻田里的他擦了把汗，猛喝一口水，努力地捶了两下隐隐作痛的腰，但他的脚一直没停，一直在有节奏地踏着、踏着。

记者采访手记五：

几个人的观点

之一　12日夜晚，红村水沥自然村一80多岁的老妇去世，亲属连鞭炮都没放（当地习俗，死人后家里要随即燃放一串鞭炮），准备第二天秘密土葬。13日早上，村里得知此事，急急通知镇民政工作人员，然后召集死者三个儿子做思想工作，经过说服教育，终于圆满完成红光村殡改后第一例火葬。

之二　记者到潘家采访，顺便帮忙割了一点稻子，并笑着对陆婆说这叫"三同"。讲广州话的陆婆说："斩（砍）松？以前很多，现在没多少了。"待明白后，陆婆说，以前她当贫农组长时，很多干部到她家吃饭、劳动，关系很好。她还说出了一串她认为是官很大的人的名字，可记者一个都不认识。

之三　潘叔说，假如干部到他那里"三同"（干部到农户家同吃、同住、同劳动，是"三讲"教育活动中的一项重要内容），他希望"三同"干部能多听听群众意见和呼声，不一定要具体做多少农活，主要是要能为群众说说话。他说，有些干部真的应该改变过去的工作作风和生活方式。

之四 潘家邻居阿耀是个 18 岁的小伙子，是阿芳的同年级同学。与阿芳一样，他也没参加今年高中升学考试。他不准备再读书了，整天在家里晒晒花生、谷子什么的。对于未来的出路，比如打工，比如务农，他说"到时再说，到时再说"。这话在村中很常听到。

之五 邻居另一位潘叔问记者："市长接访日是哪天?"当被告知是"市领导接访日"而非"市长接访日"时，他很失望。记者告诉他接访的领导全都是大官，他更不理解，并坚持认为，他的事就市长才能帮他解决——原来他养了个独生女，但保险两年都没办下来。

潘叔记事簿

7 月 9 日：值班。村委会组织新老干部约二十人到深圳岭南村参观。家里下晚造秧。

10 日：值班。

11 日：女人到上梅子坑收花生。

12 日：值班。女人带着阿芳继续收花生。

13 日：值班，水沥自然村一个 80 多岁的老妇去世，经做工作顺利火化。

14 日：值班。因工厂开工不足，阿清放假半天回家。

15 日：清早犁田，中午值班。

16 日：与女人、阿清、阿花一起到上猪笼收割稻子，阿芳在家晒花生。

17 日：值班。下大雨，无法割稻、晒谷。

18 日：下雨。早上与女人冒雨到上梅子坑耙田并修田埂。

19 日：下雨。上午犁花生地，翻耙作水田，下午继续冒雨耙田。

20 日：大雨，休息在家。女人到上猪笼修田埂。

21 日：上午天晴，割上猪笼的稻子。下午下雨，冒雨割到 6 点 30 分。阿芳晒谷。

22 日：天晴，整天割稻子，晒谷、晒花生。

第十六章

午饭在田头

天还不是很光亮的时候，潘叔便起来了，扛上犁耙往上梅子坑赶。这田离家也太远了点，竟走了近四十分钟。山坑里没有其他人，偶尔有不知名的鸟儿在树梢啾啁几声，打破山谷的宁静。拴在田边的牛正在吃草，是昨夜就留在这里的了，每家每户都这样。潘叔开始耙田，空荡的山坑里便响起踩踏稀泥的噼啪声。

7 月 28 日的早晨，就这样开始了。

这段时间，潘叔记事簿所记的，无非都是些关于田里的事：割禾、修田埂、耙田、抛秧……从上月上旬早造收割以来，农忙又真正开始了。

天老是晴阴不定，下起雨来更让人焦躁。农家的日子就是赶着季节时令过的，稻子黄了，必须赶紧收回家来。7 月 24 日，早造全部抢收回来了，用蛇皮袋满满装了 45 袋，约有 1500 多公斤吧，把原本狭小的屋子塞得更见拥挤。

村里好多人见面就说，潘叔两口子可真能！

上有老，下有小，阿清、阿花又在工厂打工，田里的活计就靠潘叔和赖姨干。收回的稻谷得赶紧把水汽晒干，否则，捂久了会发热长芽。令潘叔欣慰的是，阿芳在陆婆的帮忙下，在 7 月 25 日已将所有的稻谷晒了一遍，再不担心会长芽了。农忙时节，农家所有用得上的人手都会发挥最大的作用。

早造收完，潘叔又忙着晚造种植，他决定把上梅子坑和上猪笼的田全部种上。28 日这天，就要种完坑里的 3 亩田。

赖姨和阿芳把早饭送到田里时，太阳已升起老高了。把田耙了一遍，拴好牛，在田边洗洗满是泥巴的手脚，潘叔就蹲在田头吃早饭。当潘叔和赖姨抛完这 3 亩田的秧拖着疲惫的身子回到家时，天已擦黑了，阿芳提早回家做好了晚饭。匆匆吃过后，潘叔早早上了床。上猪笼的 4 亩田，本来也可以用牛耕的，潘叔还是请了拖拉机手来打，因为天太热了，人辛苦，牛也辛苦。

8 月 2 日，当潘家抛完最后一亩田的秧时，好些人家才开始忙碌。

潘家的农活，总做在别人前头。这样做有个好处，换工便宜，反正别人还不是最忙的时候。

田里的活忙得差不多，潘叔又得忙村里的事了。农业税、粮食征购从 8 月 5 日开始，潘叔和几个村干部用了几天的时间，将全村各户的征购任务统计好，填表，落实到各户。邻居潘叔举着通知单对他说："今年的任务少了。"

今年的农业税、水费比往年均有减少，而且，往年有的村提留和教育基金提留等项目也取消了。8 月 5 日上午，潘叔和别的农民一样，拿到了今年农业税、粮食征购任务通知书。算起来，他家的总任务比去年减少了 150 多公斤，原因就在于潘叔的大女儿阿清已于农历二月份打了结婚证，而二女儿阿花也即将去广州念书，计征任务由原来的六人减到了现在的四人。

现在，潘叔唯一有些放心不下的，还是阿花读书的事。7 月 23 日中午，徐先生虽来家给阿花填了入学登记表，但没有拿到正式录取通知书，潘叔老怕有什么变故。

关于五户农户的调查

记者 8 月 5 日在仙镇红村采访时，随机对五户农民家庭做了调查。应该指出的是，由于是有侧重的摘录，要从中对一个家庭做一个哪怕是粗浅的了解，也是困难的。所以，这是对调查的一个简要的说明。

收集到的信息，至少给我们印证了这样几个事实和趋势：

（1）农村中青壮年劳动力已充分转移。愈来愈大量的农村青年离开农田，向城市聚集。由于他们文化水平相对不高，就业面和发展空间相对狭窄。接受调查的五户农户中，四户有人出外打工，而从事的职业，几乎都是在工厂打工或在商场当售货员。

（2）农村青壮年劳力大量转移造成另一个结果，就是从事农业生产的劳动者呈中老龄趋势。在田间、地头甚至是在村里，见到的大多是老人、妇女和儿童。在记者调查的五户人家中，从事农耕年龄最小的是一个 30 岁的妇女；而年龄最大的，已达 71 岁。

（3）特殊动因引起的"农业结构调整"。调查显示，土地休耕

（或转租）情况不同程度存在。粮食种植面积在缩减。休耕地的出现，其中一个主要的原因便是农业劳动力的不足；此外，粮食市场的放开以及外地优质稻米的大量涌入，导致粮食市场竞争加剧，农民在种粮上投入多获利少，必然促使他们要么放弃种田，外出务工；要么减少种植面积，改良品种，调整结构。

（4）农民家庭的主要收入大多来自农业以外的产业。主要表现为打工收入或是经商获利。大笔的经济支出集中于子女入学，而无子女读书的家庭，支出则以日常生活开支为主。这也说明，传统上自给自足的农村，已离市场越来越近了。

潘叔记事簿

7月23日：天晴。早上和女人去上猪笼修田埂。徐先生中午来家，给阿花填入学登记表，下午请拖拉机手耙田。

24日：上午到上梅子坑割禾。阿芳和陆婆在家晒谷。

25日：女人去邻居游家"带工"。修上猪笼的田埂。

26日：到上梅子坑耙田。女人修田埂。中午值班。

27日：早饭后修田埂。下午给秧田施最后一次肥。

28日：早上到上梅子坑耙田。抛秧至下午6点。

29日：到上梅子坑耙田，抛秧。

30日：上午耙田。下午在上猪笼抛秧。

31日：耙田，抛秧。阿清、阿花返厂。

8月1日：值班。村里召开复退军人座谈会。

2日：上午将最后一亩田抛完秧。下午值班，计征公粮。晚上抄写广东华溢陶瓷厂招工通知。

3日：值班。女人到上梅子坑撒除草剂。

4日：值班。逐户填写2000年度农业税、粮食征购任务表。下午到徐村照标准相。

5日：早上去上梅子坑帮村民李家耙田。村里召开会议，下今年农业税、粮食征购任务。公粮征收即日开始。

第十七章

阿花的喜和忧

阿花回来了，告别了在精电厂四个月的打工日子，这天是 8 月 18 日。一个月前，她交了辞工报告。按厂规，辞工者需提前一个月申请。

阿花什么也没带走。日用品留给姐姐阿清，工资也由她代领。同寝室的员工有些疑惑，问阿花为何刚来不久又要走。她们不知道，20 岁的阿花又将去读书。

拿着通知书，阿花真是喜忧参半。

阿花回来时，家中农活早已干完，公粮也在三天前交了。

那天太阳正辣。上午，赖姨将 200 多公斤的谷子又晒了晒。粮食征购通知单 8 月 5 日就收到了，要求 25 日前缴交。潘家今年要交的粮食比去年少了 150 公斤。潘叔说，这是减负的效果。下午 2 点，一辆手扶拖拉机静静地停在路口，这是潘叔请来的。随后，潘叔和赖姨一前一后来来回回挑了几趟，终于将准备好的谷子堆上拖拉机。镇粮所就在眼前，建于 20 世纪 60 年代的粮仓像圆圆鼓鼓的大肚子，似乎在等着人们往里喂谷子。这条路已被运粮的拖拉机碾得不成样子，自 20 世纪 60 年代以来每年如此。已有不少人在交粮，潘叔排在长长的队伍中。称谷子的工作人员吃午饭去了，来交粮的农民只得闲坐着聊天。潘叔等了一个多钟头，待过磅、登记、上仓及办完手续，已是下午 4 点。匆匆忙忙回到家的潘叔又赶着牛儿溜达去了。对交公粮，潘叔觉得这是应尽的义务。

时节正值"山稗子"成熟。阿花见家中已没啥活可干，回家后第二天的清晨 5 点，便拉起妹妹去山上摘山稗子。山路很长，山坡挺陡，多年没来了，花了一个多小时才到达山顶，摘满一篮稗子回来已近上午 11 点，两姐妹一路说笑着，犹如回到了童年。阿花前脚还未踏进家门，就听到屋里有笑语声。原来，广州岭南工商专修学院的廖老师给她送录取通知书来了。姐妹易读，终于使潘叔落下了心头一块石头。

阿花打工已整三年，由深圳沙湾到惠州小金再折回槎城。其实，她一直不想打工。中考一结束她就去了沙湾，打工两个月后才收到中专录取通知书，姐姐说都打工两个月了，家中负担又不轻，于是她放弃了。在小金打工时她开始觉得打工前途不大，于是交了 450 元钱利用空余时间去学电脑，但还未学完就回了槎城，中断了学习。她没料到机遇仍垂青于她，这一次还是中专学校，还是计算机专业，而且是脱产，且学院免了三年的学杂费。

阿花也有她的担忧。以后家中怎么办？姐姐已经人介绍，与徐村移民新村一个姓潘的木工结了婚，虽未"摆酒"，但姐姐已很少回来，她家的经济也不宽裕。尽管上个月阿清仍给了家中 500 元，但以后呢？姐姐是没多大气力照顾这个家了，而妹妹刚从学校出来，没任何打工经验，一时能否找到工作还是个问题。看着父母忙碌的身影，阿花心里一阵酸。

潘叔是村里家里两头忙，赖姨也田头地头忙得团团转。

阿花想着这一走，家里较稳定的经济来源就是父亲那每月450元的工资了，而自己读书一月至少需200多元，家中其他开销呢？

家中开销不少。阿花担忧的就是这个。农家的日子，尽管过得紧，但过节还得加几个菜。8月13日，正值农历七月十四，潘叔还是买了鸡肉，做了糍粑，等着阿花、阿清回家。

想着这些，阿花的心情很沉重，但是，无论潘叔还是阿花都已下了决心，书一定要供（念）的，毕竟那是另一条出路。

潘叔账簿

电话费：1月份37.88元，2月份95.32元，3月份62元，4月份95.62元，5月份39.48元，6月份70元，7月份56元。平均每月65.2元。

电费：1月份7.93元，2月份16.83元，3月份33.06元，4月份26.73元，5月份25.74元，6月份18.81元，7月份31.68元，8月份34.65元。平均每月24.43元。

水费：3月31日交7.2元，6月28日交7.2元。

"走日本"的陆婆

陆婆当然不知道 8 月 15 日是个什么日子，尽管她的一生与这个日子有很大关系。1945 年的 8 月 15 日，日本宣布无条件投降。

这一天，陆婆还像往常一样，在家里坐着，与孙女说说话，或到不远的邻居家坐坐，打打小麻将，或到圩镇转转。这个"走日本"过来的老人说一口白话。

陆婆 1920 年出生于广州市荔湾区中山七路一户家境还算可以的家庭。她有七兄妹，上有四个哥，下有一妹一弟。这个大家庭在家里开了间纱厂，父母与祖母，连同兄弟姐妹都在厂里干活，还请了十多个伙计，生意还算兴旺。当时，广州有不少人家开了家庭工厂，到大厂拿货回来，再纺纱织布。

由于小时家境不错，陆婆 11 岁就开始念书，但她的读书生涯非常短，仅一年半时间。她至今记得，念了半年"老书"，不外乎"人之初，性本善"之类，经常有先生打学生的板子。之后换了学校念"新书"，念"新书"不用钱，女学生穿白色上衣、蓝裙、白球鞋、白袜子，戴红围巾。

可这样美好的日子只维持了一年，12 岁时，陆婆到了一家电池厂打工。每天早上 8 点开工至 10 点，中午 12 点至下午 6 点，一天可赚 3 "毫"。她记得，当时用的是民国钱，上面有孙中山的头像，一只鸡蛋要花 2（仙）（1 毫 = 10 仙）。

　　以后几年间，陆婆还到其他厂打过工，其中包括现在仍很出名的"陈济堂"，一直到十六七岁。

　　后来日本侵略者来了！

　　从此，像千千万万中国城市人一样，陆婆开始背井离乡"走日本"（从此"走日本"这三个字有了其历史意义）。

　　开始，陆婆与一起做工的人逃到乡下去，先到了芳村、南岸，然后又到了南海，身上带着盐、水和炒熟了的米，到处逃亡。

　　21 岁那年，两名人贩子把她带到惠州，找了个工厂打工，一起被带到惠州的共有十八个女人。不多久，她又被带到槎城县城的上城，然后像现在的"卖猪仔"一样被卖到仙镇，其他十八个人被卖到塔镇等地。人贩子说：仙镇比塔镇好，割草砍柴不用上山。为了这个理由，也为了有一口饱饭吃，陆婆"嫁"给了一个 30 多岁的男人。这个男人就是潘叔的生父，他与陆婆共生下三个小孩，其中两个女儿先后于三四岁时夭折了，另一个男孩是 32 岁时生下的，就是潘叔。潘叔半岁时，父亲死了。

　　35 岁那年，陆婆带着潘叔再嫁到衙门村，与 40 多岁的退伍军人也是姓潘的人结婚，第二年生下一子，就是在蓝镇的那个小儿子。潘叔记得，他这个后爹是"掉转枪头"的国民党兵，当了解放军后作战英勇，带回了很多军功章。可惜，在困难时期，这些军功章全给潘叔拿去换糖吃了。

　　20 世纪 60 年代的一天，全村人都到热水去修水库，饿着肚子的潘叔继父一口气喝了很多萝卜水，一中风，死了。那一年，陆婆与他结婚才两三年，潘叔仅 8 岁。

　　母子相依为命，日子艰辛可想而知。40 岁那年，陆婆招赘了一个在学校做火工的男人，从此，日子才得以缝缝补补地过下去。

1976年，潘叔结婚；1979年分田到户，用陆婆的话说，从此有了"生命"；1980年，陆婆的第三个丈夫去世。

1970年，陆婆曾通过在广州工作的熟人联系上了娘家人，可惜只剩一个哥哥了，其余的都在"走日本"时失散了，而惟一的哥哥也在很多年前去世了。

陆婆说，从公社化到分田到户那些年，每天早晨两三点就起床做家务出工，困难时，只能吃树叶、野菜。"现在好了，感谢共产党，耕一点点田就够吃了。"陆婆操着一口白话，笑着说。

潘叔记事簿

8月6日：值班。村委会分配6名"三同"干部到四户人家。

8月7日：早上给邻居赖家耙田，上午县检察院一名"三同"干部来到家中。

8月8日：上午村里召开老干部老党员座谈会，下午召开村干部及村民小组长座谈会，收集对"6·19"事件的看法以及对检察院工作的意见。赖姨与阿花种花生。

8月9日：和另两名治安员分配复合肥到各自然村；村支部书记带检察院同志慰问困难户；刘干事登记镇里"千干扶千户"帮扶对象名单，红村有10户；村干部到博罗县石坝镇买杂优种子；女人给别人家插秧，每天工钱20元。

8月10日：早上分复合肥到各自然村，女人给别人家插秧，阿芳晒谷。

8 月 11 日：值班。女人、阿花晒谷。夜里下大雨。

8 月 12 日：检查稻田是否被水冲坏，女人、陆婆买香烛、鸡等为过节做准备。

8 月 13 日：（农历七月十四）阿花、阿清回家过节。

8 月 14 日：上午村里召开"千干扶千户"会议，将帮扶干部名单分配到 10 户人家。下午抄写下半年计生对象表。

8 月 15 日：上午女人晒谷。下午与女人一起交公粮，共 100 多公斤。

8 月 16 日：值班。下午翻上梅子坑地，给禾苗施肥。

8 月 17 日：给上猪笼田的禾苗施肥。

8 月 18 日：值班。女人整菜园地，下午阿花辞工回家。

8 月 19 日：清晨 5 时，阿花、阿芳到山上摘山稔子，广州岭南工商专修学院廖老师送来通知书。

🌀 第十八章

入学岭南

8月30日中午，阿花有点害羞地跟在潘叔的背后，踏进了广州岭南工商专修学院的大门。

自从接到入学通知书后，潘叔和赖姨都一直为阿花上学的事打算着，筹钱，整理行李，打听去广州的方法。29日，待知道学院的招生办副主任廖老师第二天将开车来接时，潘叔这才松了一口气。

按最初计划，本报四位记者将随同阿花、潘叔前往广州，但由于工作脱不开身及其他原因，只能派出一名记者随同采访。潘叔不知计划有变，天还没亮，夫妇俩就忙开了，到圩镇买了新鲜的猪肉，煮了两大煲粥，一煲白粥，一煲猪肉粥，另外还炒了一盆酸笋，买了两袋面包。陆婆此时也睡不安稳了，从床上爬起来，左看看右看看，看看儿子儿媳有什么要帮忙的，还时不时拉着阿花的手，不断地叮嘱着同样的事情。

一连几天，潘叔一家都在快乐地忙碌着。邻里人家一见面就向潘叔家人道喜，虽然深知要供阿花念完三年学不容易，但潘叔仍然觉得自豪。而这几天里，阿花却表现得比往日冷静、沉稳，她默默地看着父母忙碌。

30 日上午 9 点，赖姨抱着一大包阿花的行李，把潘叔和阿花送到村委会路口。穿着新衣，抱着行李箱的潘叔，走在村里的小巷中，满脸笑意。带着母亲的叮咛和奶奶的好言好语，阿花离开家门，到省城念书。走过弯弯曲曲的古宅老巷，阿花却一路无语。

廖老师的车技娴熟，尽管一路上都在联系学院的招生情况，但不足三个小时，车就到了学院的大门。

本来该学院的贺院长要来迎接潘叔父女俩的，但他临时到省高教厅办事去了，安排了其他工作人员带潘叔、阿花到校园和学生宿舍参观，办理报到手续，领取生活用品，安排床位等。

廖老师一进学院的门就开始忙着处理各种情况，如东莞、清远的招生问题，新生接送问题等。他说，今年学院的招生形势很好。

阿花与潘叔在岭南集团办公室工作人员的陪同下，到学院四处参观。新建的校舍、偌大的校园和绿油油的草地树木，以及欢声笑语的人群。看到这一切，潘叔和阿花心中的顾虑终于消除了。

阿花被分在中专部计算机应用专业（2）班。该学院设有大专部和中专部，其中大专部设置十三个专业，中专部设置十六个专业。阿花就读的计算机应用专业是中专部报名人数最多的一个专业，共设了三个班。廖老师介绍说，广州岭南工商学院是省高教厅批准的大型专科院校，现有在校全日制学生两千余人，业余培训学生三千余人。他说，类似阿花这样的学生，该学院每年只招一两个。他还说，开展助学扶贫活动，帮助贫困学生踏进高校的门槛是该学院的办校宗旨之一。

办完报到手续后，潘叔背起阿花从学院领回来的生活用品，在工作人员的带领下，背上六楼的学生公寓。潘叔说，走路可以，但爬楼梯，有些辛苦。阿花是第一个搬进宿舍的学生。由于是刚建成的新楼，房内的床铺尚未准备齐全，阿花挑了一个靠近窗户的下铺。潘叔把床板铺好后，里外看了看，见房内有阳台、冲凉房、晒衣架、洗衣台，满意地边笑边点头。

吃过中午饭之后，潘叔就要和记者赶去汽车站坐车。离开学院前，潘叔见外人在场，不好意思叮嘱太多，父女俩默默地道别。虽然车已开出学院大门，但潘叔还是回头看了几眼。

记者采访手记之六：

姐妹仨

8 月 30 日，记者陪同广州岭南工商专修学院的廖老师到潘叔家接阿花上学时，没有见到阿花的姐姐阿清和妹妹阿芳。

阿清几乎在很秘密的情况下找了人家，结婚了。赖姨正在准备糯米酿酒，夫妇俩很快要做外公外婆了。阿清怀着孩子在工厂打工，新家还不能给她提供一个安逸舒适的工作和生活环境。

阿芳一大早出去了，没人知道这一天她心里怎么想。她放弃了一个上学的机会，宁愿接过姐姐生产线上的岗位，做一名打工妹，但这也并不容易。我们很难预测，五年、十年或更长时间之后，阿芳回首这一段日子，会怎么想。

阿花从心底里感激着自己的父母，这从她的言行举止可以看出来。对于小小的衙门自然村来说，阿花有理由自豪，因为她获得了一个机会，在别人仍在到处打听一个打工位子，在以前的同事们仍在"三班倒"中忙碌时,她跨进了校园的大门。获得上学的机会或许并不难,但对于一个已有两年多打工生活的她来说,意义就非同寻常了。尽管不能肯定计算机应用这一专业的学成对她日后找工作有多大的帮助,但可以肯定一点的是,学习与知识将改变她很多东西,衙门、红村、仙镇甚至东县,未必是她的理想归宿。

三姐妹的故事,让我们感慨不已。

潘叔记事簿

8月20日:女人上山放牛。值班。

8月21日:和阿花到蓝镇弟弟家做客。

8月22日:值班。女人碾米到圩镇卖。去年冬的陈谷尚余1000多公斤,可碾米650多公斤,现在的市价是1.70~1.80元。

8月23日:值班。阿花、阿芳到槎城购买阿花上学的生活用品。

8月24日:下大雨。

8月25日:值班,发有关人口普查通知,村里成立了专门领导小组,选定六人当普查员。

8月26日:将昨晚所写的人口普查标语张贴出去。

8月27日:发通知,让村民小组长、党员和村民代表到村委会开会,听取收取教育费附加的文件精神,按规定,今年仙镇农户每人得交56元。

8月28日:女人再次碾米去卖,已卖五次。晚上参加党小组学习，是首次参加这类学习。

8 月 29 日：村里召开收取教育费附加会议，办法是有学生上学的，缴学费时收取；没有的则等下年缴公购粮时收取。

8 月 30 日：送阿花去广州岭南工商专修学院入学。

8 月 31 日：值班，给缴教育费附加学生出具证明。

9 月 1 日：刮大风下大雨。部分瓦房受损；部分果树倒伏、断枝；部分树木受害；损失不大。

9 月 2 日：村里开展查环查孕工作。

9 月 3 日：圩日。女人再次碾米上街卖。

第十九章

中秋月不圆

9月12日，农历八月十五，又到中秋节了。和许多人一样，潘叔节日的感觉已经大不如从前，尽管如此，他还是稍做了一点准备：早晨一起来，去买了猪肉，烫了一只鸡；下午又去买了葡萄、苹果、雪梨以及其他一些必备的东西。潘叔没有特意去买月饼，这是因为陆婆在族中辈分颇高，来探望她的人，大多都随手提上一盒月饼。早在两三天前，潘叔便陆续接到别人送来的月饼了，前前后后大概也有七八盒。当然，这么多的月饼也是吃不了的，所以潘叔又把一部分转送给了他人。

中秋节是家人团聚的日子，但潘叔并没坐在家里。村里规定放假，原来潘叔是可以休息一天的，不曾想村支部书记打来了电话，让他赶紧去抄写防治水稻叶瘟病的通知，张贴出去。通知是镇里下发的，因为12号台风"玛莉亚"作怪，仙镇晚造水稻发生了叶枯黄病，通知要求农户及时防治。红村未能幸免，十四个自然村中有十三个自然村的水稻发现了"病"情，潘叔自己的9亩稻田，还算幸运，没有发现"病"情，他也不打算花几十元钱去买农药来防治了。潘叔觉得这是正事，所以接了电话，赶紧去了村委会。尽管休息时间泡了汤，潘叔却没有抱怨，他抓紧时间，将通知抄写了两份，并把其中的一份贴在了村务公开栏中。

中秋的团圆饭其实并不能叫着团圆饭。潘叔一家人，除了他自己，在家的也就是陆婆、赖姨和小女儿阿芳了。大女儿阿清仍然在精电厂打工，并没有放假，何况，她已经是出嫁了的人，回家照理是回徐村夫家了。

阿清早在今年2月里就领了结婚证，现在已有了身孕，她不打算摆酒，潘叔已同意了。潘叔说，就看她的意思了，不摆酒就不摆吧，但是说起阿清的婚事，潘叔还是倾向于摆酒为好。

潘叔比较记挂二女儿阿花，11日晚上，阿花从广州打来电话，告诉潘叔，入校后就开始的军训结束了，也考了试。中秋节学院放假三天，她已经给在广州的姑丈去了电话，叫他来接自己，自己打算在他家里过节。潘叔听着电话，心里安稳了许多，不免又叮嘱了阿花几句，大意是说，一个人在外，要自己照顾好自己吧。

对于家人团聚，潘叔并不十分在意，倘若没有事做，就算一家人成天在一起，那又有什么意义呢？所以，这一段时间里，潘叔考虑得最多的，还是小女儿阿芳的事。他正在想办法，准备把阿芳送出去打工。阿花一上学，阿清又成家，骤然间，潘叔的经济状况又显得十分窘迫了。

不过，到底是中秋，走走形式还是需要的。晚上大约9点，潘叔在天井里设案，摆上月饼、柚子、板栗，还有茶。放过一通爆竹，拜月的仪式便开始了。陆婆向月跪叩，嘴里念念有词，潘叔没有细听，但他知道她在祈求月神赐福，保佑一家平安，儿孙幸福。而潘叔自己却没有祈祷，只是坐在一边。

从天井看出去，看不见天空中高挂的圆月，潘叔能看到的，只有从天井漏下来的清澈的月光。

阿花来信

对于我来说，8 月 30 日是一个非常难忘的日子。因为我回到了惜别了三年的校园。

当我跨进广州岭南工商专修学院校门时，映入眼帘的是一栋九层楼高、煞有气势的教学楼。教学楼顶上的"岭南"二字，在烈日的照射下，显得特别耀眼，仿佛在对来校的学生说："欢迎你到岭南来！"

学校的四周，是青葱、碧绿的一片草地，还有各种芬芳怒放的鲜花。沿着大道向前走，前面是三栋六层楼的学生宿舍，我住在中间的那栋六楼。在宿舍里，一切设备都很齐全，学校发给学生需要的生活用品，让大家都有一种回到家的感觉。我最先来到宿舍，其后同学们才陆续到来。大家来自不同的城市，有着不同的口音，但是，普通话能让我们很好地沟通，让我们相互了解，互相谈论。

在宿舍里休息了两天，紧张的军训生活开始了。同学们顶着烈日在太阳下认真地练着教官教的每个动作。有的同学体质不好，才刚上场，就昏倒了，但多数同学还是挺下来了，不怕炎热，不怕辛苦，以严肃的军姿在操场上训练着。七天的军训生活就在艰苦的训练中结束了。在会操比赛中，我们班取得了第三名，这个荣誉来之不易，是大家用汗水换回来的。正如老师说的："好的开始是成功的一半。"

9 月 14 日正式上课，大家都进入了紧张的学习之中，我也进入忙碌的学习中。因为我已离校几年，课本上的内容大部分已忘记，所以就得加倍地努力学习，争取赶上同学们，并能以优异的成绩报答所有关心我的朋友。

我之所以可以进入"岭南"就读，在此得非常感谢学校领导、老师，是他们给予了我这次机会，也得感谢记者们，为我辛苦、劳累地奔波。再次感谢你们。

阿花

2000 年 9 月 14 日

潘叔的故事

潘叔的故事不好讲。

他没有故事，至少他说是如此。他说自己记忆中没什么大事，重要的事都发生在最近。他指的是记者到家采访和入党一类的事情。

潘叔生于 1952 年，48 岁的他本来经历过许多历史性的事件，但那些事件都只是与他擦肩而过。他说对那些事件他记得不是太清楚：挨饿的滋味他没有印象；推荐上大学他没份儿；分田承包到户却让原本离开了农村的他又回到了农村；农村劳动力大转移的时候，他倒是就近打过散工，却没外出过。

但是，贫困却在潘叔的身上留下了印迹。潘叔的生活常常与这个词不期而遇，即使到现在，他也还未曾牵住富裕的手，只能算脱了贫。

潘叔出生才五个月的时候，生父就去世了，他是在曾经当过志愿军的继父的监护下长大的。1960 年上小学，1968 年上初中，1970年上高中，都是在村办学校就读。

关于读书的记忆，潘叔说，他一直是学校文艺演出队的，常常下到各生产队的田间地头演出。他演出过《白毛女》，但并不是主角。他会唱歌，直到现在，他偶尔还在家唱唱卡拉 OK。他对此感慨很多，他说我家没有什么背景，如果有，早就不在这里了。

读高中时，他就读的仙镇中学才刚刚建立，教室是他和他的同学们割茅草搭起来的。那时班不叫班，很军事化地叫着"排"，学校共有三个排，大约一百五十人。高中毕业时，也有同学作为工农兵学员被推荐上大学，但潘叔却回到了生产队劳动，后来又做了记工员。潘叔说不清自己为何不能被推荐上大学，他也没想到上了大学会是什么样子，他甚至连是否被推荐也未曾想过。那时他宿命地认为，这都是命运的安排。"认命吧！"他说。他也不怨谁。

潘叔也曾离开过农田，那是他生命岁月中仅有的一次重大变故。他至今念念不忘。1977 年，原在公社中学当炊事员的继父退了下来，潘叔理所当然接了班，每月的工资 30 元。他在那里一边给老师们做饭，一边给学校小农场干活。耕种水田，也管管果场，作为拿国家工资的人，日子过得还算清闲。但是，这段日子仅有三年。

1980 年，潘叔重归农桑。他是自己提出来要回家的，学校也曾挽留过。他一再请求，学校只得放了，给他多发了三个月工资，还送了一个保温瓶。他说，家里没有劳动力，回家是没办法的事。他从心底里是不愿意回家的，他愿意在学校里干着，因为有工资拿。

但他又不能不回家，命运不容他选择。

那时，责任制已实行了一年多，家里的 4.5 亩田全靠赖姨一个人耕着。结婚以后，阿清、阿花相继出生，一家五口，30 多元工资已经不够开支了，生活变得极其困难。他不回家又能怎么办呢？即使回到了家，刚开始的两三年，家里的粮仍不够吃，一年中缺粮至少一个月以上。原因很简单，要施肥没钱买肥料，要除虫没钱买农药，田里出产少，平均不到 150 公斤。那种日子，潘叔记忆深刻，但他并不愿过多地回忆。他清楚地记得，阿清小时候曾有一次问奶奶：奶奶，我们什么时候还请人工啊？小小的阿清知道，只有请人工时，家里才会买肉吃。自己要想吃到肉，只有请了人工才能实现。说起阿清这件事，至今潘叔仍然伤感，语气十分低沉。其实，三个孩子做满月，每次都是潘叔上山砍柴卖了钱来做的。做一个满月，也就 100 多元钱，但一担柴不过卖 2 元。潘叔没事就上山砍柴，他说不清砍了多少次，也说不清有多少公斤。

苦日子熬到头，是阿清外出打工后的事了。而此时，潘叔差不多已年届半百了。潘叔说，要不是这个家需要撑持，他到外面去做事也许就不会是现在这样的局面了。1990 年，有人曾叫他出去做事，他依然没去。但潘叔却十分自豪，他说，还是有人很看得起自己的。

贫困让潘叔吃了不少的苦头，但贫困也教会了他许多的东西。潘叔说，自己知道钱是不容易得来的，所以从来不敢乱花一分钱，该花的钱他才花。他还说，什么事都是做出来的，只要踏实地做，事情就会变好，再艰难也能挨过去。潘叔这是有感而发。1996 年，他报名到警务区参加护村队，在五个村的范围内，每周至少要夜间巡逻两次，又做田里的活又巡逻，很是辛苦，但他顶住了。这使他第二次改变了人生的轨迹。他当了村治安队队长，又一次成了领工资的人。

从某种意义上说，是艰难雕塑出了潘叔的人生。

潘叔记事簿

9月3日：值班。女人碾米到仙镇圩卖。不常回家的阿清回了家。

9月4日：查看台风过后的稻田，幸无损失。将缴了教育费附加的户主名单列成册，红村共上交教育费附加9万元，缴费人数占了50%。

9月5日：人口普查员集中在村委会学普查知识。镇里在徐村试点，红村开始调查摸底。

9月6日：下午接群众举报，上梅子坑有人偷砍松树，带人伏击，一举截获。

9月7日：对偷树的六人进行处理。

9月8日：中秋即将来临，女人回娘家省亲。

9月9日：去瓷土场为老板们划开采界线。早上卖小牛，得款670元。

9月10日：值班。瓷土场潘老板中秋慰问困难户和五保户，替

155

他将四十盒月饼分发下去。

9月11日：住徐村的女婿到家探亲，送来月饼一盒，鸡两只。晚上，阿花从岭南学院来电话表达问候。

9月12日：中秋节。未能如愿休假，受命抄写防治水稻叶瘟病通知，十四个自然村中十三个自然村的农田发现此病，50%~60%的农户已打药防治。

9月13日：值班。

9月14日：镇里将市里评选的"文明村"牌匾送到。

9月15日：镇府召开护林防火会议，与主管林业工作的村干部同去镇里开会，听县护林防火会议精神传达和镇里对此的安排。

9月16日：村召开各村民小组组长会议，传达镇护林防火会议、创办文明家庭（户）会议精神。

第二十章

买了一台抽水泵

9月29日，离2000年国庆只有一天工夫了。上午还在村里值班的潘叔，晌午时分匆匆去了一趟市区。

除非特别需要，潘叔是极少进城的。市区离仙镇红村的家如此之近，他一年中进城的次数却寥寥可数。当然，这一点丝毫没有什么可大惊小怪的，中国乡村社会里绝大多数的农民，千百年来过的就是这种生活。农民天生与土地有缘，他们极少离家，尤其是离开土地。在围着土地打转中，岁月悄悄地流逝了，无声无息。城市跟他们有距离，这既是客观的，也有主观因素。通常，只有对城市产生某种依赖时，农民才挑个日子进城。于农民而言，这一举动本身，往往有些隆重的意味。

忽然有进城一趟的想法，还是在五天前。

9月24日一大早，潘叔起了床。前一个晚上睡得迟，清晨2点多才回到家里躺下，而在这之前的几个小时里，他与另两名治安员和林业员一直在村林场附近的树林里等待盗伐者出现，结果却扑了

157

空。按理早间是可以睡个懒觉的，但潘叔却睡不安稳。20日他去上梅子坑看过，多天不下雨了，田里旱得厉害，稻叶都焦干了。上猪笼的田也旱，所幸小溪里还有点水。当听见老木门的吱呀声相继响起时，潘叔知道邻居们都起来了。他又磨蹭了一会儿，终于下定决心，到邻居家借了一台抽水泵。借人东西的感觉并不十分好，潘叔老觉得不自在。今年6月天旱时，潘叔曾去借过一次，不曾想现在又旱……这一天，潘叔和赖姨从早忙到晚，用借来的水泵把上猪笼的田灌了个七七八八，多少又可顶上几天了。

潘叔想清楚了，无论如何要去买台水泵，老借人家的不是办法，就算别人愿意，自己还过意不去呢。他觉得，对此是该有个根本的解决办法了。

几天里，潘叔都在找空闲进城，但他什么时候有闲暇呢？村里事务似乎特别多，宣传护林防火，搞计生业务，贴宣传画，伏击偷伐杉树者，调解纠纷等。从中心工作到鸡毛蒜皮小事，总会和他扯上点关系。这不，国庆期间的治安工作又该抓起来了。这事儿啊，有一茬没一茬的！天还是晴着，云并不厚，看不到要下雨的迹象，潘叔的焦虑也就一天胜似一天。

29日这天，潘叔才逮了一个空当。中午1点钟，潘叔赶到了城里，没有闲工夫逛，他直奔主题买抽水泵。货比三家的道理他自然是知道的，几经比较和挑选，潘叔在长塘路一商店里把水泵买下了，220元。水管不用买，家里已经有了。

下午4点钟，潘叔提着水泵，坐车回家了。提着刚买回来的水泵，潘叔脸上并没什么愉悦的表情。

记者采访手记之七：

一个农民家庭的家信

一个农民家庭的家信，该是个什么样子呢？

潘叔第一次主动地把女儿的来信和自己的回信（特地重抄了一遍），呈现在我们面前，使得我们有了一个不通过提问而更直接窥视父女内心世界的机会。一对农村父女的交流，其真挚纯朴足以令人感动。

我们对书信略做梳理附于文后；尽管如此，潘叔那具有时代特征的语言风格，可能在某些地方仍会令人产生词不达意的印象。不过，这是无碍大局的。

阿花较成熟，虽是我们一直以来的看法，但她能考虑得如此周详，与父亲平等地商讨家庭中的事情，至情至理，无限亲情溢于言表，则是我们所没有预料到的。阿花在家庭中的地位与责任，会慢慢地像其他无数类似的农家一样，出去一个读书人，就等于有了一个有"见识"的人，阿花必定会成为潘家有见识的人。

潘叔将不得不承认：女儿长大了，尽管他仍有能力"摆平"家事。

父女两地书

爸、妈及家人：

你们好！离家到学校有一段时间了，对于学校的生活，我基本上都已习惯，身体也没变化，一切都好，请你们不要为我牵挂，我会照顾好自己的，在此祝家人都身体健康！

爸，学校在 9 月 3 号—9 号军训，今天已完成，将在 10 号模拟考试，11 号—13 号放假。在军训期间，我晒黑了很多，脸跟手都全黑了。至于伙食方面，早上吃 1~2 元的早餐，吃饭大概在 3 元左右，这方面我会照顾好自己，你们不用为我担心。这次能够重返校门，我一定会努力学习，尽自己努力，以优异的成绩来报答学校领导对我的关心。这次来之不易的机会，我一定会好好把握，不会学坏，这点，请家人放心。爸，我现在心里好像有很大的压力，一是怕成绩赶不上同学，毕竟已出来几年，但我会尽力追上其他同学的。二是与同学们彼此间的年龄相距太远了，有代沟，以至我不能跟她们很好地相处，话题也少。对于这一点，我心里的负担很重。

我知道，这次来学校读书，并不是要跟同学们成为好朋友。但是，至少，在自己不开心时能有人开解自己，关于这点，我会尽量放开自己的胸怀，和同学建立好的关系。爸，奶奶年事已老，很多地方都会错，这点希望你和妈能够多多体谅，尽量多关心她一点儿；还有，你跟妈妈不要常吵架，这样让外人见了也不好，家人也不好过；至于姐姐，到了这个地步，就让她自己解决算了，你们怎么说她也不会听你们的意见；至于阿芳，你们把她逼得太紧了，她心里也会想，她心里也有苦，只是不知对谁说，我在家，她会对我说，其实她也想出去打工，但只是没有找到合适的罢了。爸，我觉得阿芳在家也可以帮不少忙，你和妈出去干活，家里的家务都是她做，如果她不在家，奶奶会很辛苦的，你们也辛苦，在外面要做，回到家还要忙。其实家里多个人打理，会好些。爸，不管我说得对与错，这些都是心里话，只是一直不敢跟你说，如果有说错的地方，你来信说说我，毕竟我是你女儿，父母的教诲我都会永记于心。

爸，如果你寄钱给我，写学校的地址，老师说这样可以收到汇款。好了，有事写信给我，在此祝家人：万事如意！

地址：广州市天河区东圃小新塘岭南工商专修学院 2000 中专计算机（2）班

邮编：510663

女儿：花
9 月 9 日晚

花：

你好！你的来信已经收到，阅后父母及家人都知道你在校的"苦"和"乐"之味。我们做父母的，也是知道这个事实的，但无论怎样，都希望女儿在学院里认真刻苦学习。你要多回想记者们及廖主任对自己的教育，来推动自己克服一切困难，为自己的前途而努力。

你在信中提到两个问题：

一是年龄问题。自己的年龄的确比同学们大两至三岁，但这不应是问题，主要还在于自己怎样来与他们相处。自己年龄大些，在生活上、学习上、社会上要起"大"的作用，多做一些难做的事情，做到和发挥"三个互相"，多点和小同学沟通，大胆地去同他们谈心，这样，过些日子就会好相处起来的。

二是学习问题。毕业已出来两年多，学习难一点的确是一个客观问题，但自己不能在心理上总背上这个包袱。不是有这么一句话吗？"天下无难事，只怕有心人。"起初学起来不那么易懂，那就慢慢来，虚心向同学们请教，向老师请教，把自己毕业后出来打工的情况说给老师听都不怕的。以后只能自己认真学习，掌握书本上的

161

概念和定理, 虚心学习, 刻苦钻研, 成绩一定会赶上同学们的。

再者, 父亲还想跟你谈一个问题。

你如今有机会重返校门, 是该校领导及报社记者们对你及我们家的最大关心和鼓舞, 正因为这样, 更要认真发挥"胆智", 不要怕这怕那, 在校园里要尊敬领导和教师, 团结来自五湖四海的同班、同宿舍的同学, 对于社会上的一切采访, 自己都要服从学校的安排, 这也是为了学校的声誉, 也是自己更好地在社会上增长见识和锻炼"胆智"的机会。另, 对于经济问题, 自己要厉行节约, 应花就花, 在学习上要用的东西一定要花, 在零食上要注意, 因为自己是一个贫困生, 加上父亲没有好的经济, 不要被学校及学生们看得印象不好。现我跟记者们有个看法, 就是一个月一个月地寄生活费给你(只因你是个贫困学生), 现我寄 300 元给你作为一个月生活费。如有什么意见的话, 请来电说明情况, 另行打算。以上, 父亲是为了一切而做的长期打算。

祝生活愉快, 学习进步!

父亲夜草　9 月 18 日

另: 对于家事, 请女儿不要挂心, 父亲完全可以摆平这个家事, 并有一定分寸来搞好家庭。

潘叔记事簿

9 月 17 日：值班。

9 月 18 日：记者来采访。

9 月 19 日：值班。

9 月 20 日：上午值班；下午到上梅子坑看水稻旱情，已二十多天没下雨，周围都缺水，旱得厉害。

9 月 21 日：中午去镇政府计生办核对红村的计生任务表；下午回村委会继续搞有关计生的业务。

9 月 22 日：上午在村里搞计生业务；中午有人来反映一五保户与邻居发生纠纷，前往调查、调解。

9 月 23 日：上午记者来采访；在村里值班，接到举报说林场附近有人盗伐杉木，晚间与镇林业员等前去伏击，守至早晨 2 点，不见有人，便叫车将现场遗留杉木运回村。

9 月 24 日：一早与女人去上猪笼抽水抗旱，一直忙到晚上11 点。

9 月 25 日：和另两名治安员到山坑去，给搞种养的人家及几家厂宣传护林防火知识，散发镇府印发的"十不准""六不烧"。

9 月 26 日：镇综治办召集各校校长、各村治保主任、治安队长开会，部署国庆期间的治安工作。

9 月 27 日：河源火车站铁路派出所送来铁路宣传画报、画册，要求张贴、散发；晚间党员集中学习。

9 月 28 日：值班。

9 月 29 日：值班；女人接到阿花的电话，国庆节阿花准备去广州的姑丈家过；下午下槎城买回一台抽水泵，花了 220 元。

● 第二十一章

事事劳心

半个月来，潘叔没怎么闲着。

比如国庆节七天长假，连村干部都可以好好地歇上一阵子，但潘叔和其他几个治安员还得轮流着值班。

尽管日子平静得波澜不惊，但有些事还是令潘叔头痛。11、12、13 日这几天，陆婆可能是患伤风的缘故，头痛得厉害，从早到晚躺在床上，时不时地呻吟两句，听着令人心惊。在圩镇的一所小门诊里，潘叔、阿芳陪陆婆去看医生，等了很久。医生把了把脉说，陆婆伤风了。随后，打了几天针，又吃了几剂中、西药，才稍稍有些好转。花了 100 多元的医药费倒在其次，看着老母亲痛苦，潘叔既难受又着急。另一件令他头痛的事是旱情，几十天不下雨，眼看一阵"寒露风"刮了三天，带来了一场寒雨，但那雨的确太小了。潘叔这些天来，还得不忘到田里灌水。在潘叔夫妻俩忙着抽水灌田的时候，阿芳赋闲在家，做家务，带陆婆看病等。有时，这个家看起来有些冷清。

热闹的时候总是有的。

13日,阿花趁着双休假回了家。国庆节七日长假,由于坐车难,车费也贵,阿花与同宿舍的槎城女孩阿英都没回家,两个人10月1日在学校玩了一天。10月2日,阿花到广州的姑姑家去了一趟,也顺便打了电话回家,但她没说13日要回来。这次她是与阿英带上两个同宿舍住的女孩一起回来的。那两个女孩一个是茂名的,一个是阳春的。这是阿花上学后第一次回家,这令潘叔夫妇和陆婆都很激动,少不了要杀鸡买肉了。阿花说这次回来主要是将中学的课本借齐,以便将以前的功课完整地补一补。

热闹的事总是凑到一起的。潘叔决定要杀第二头猪了。8日那天,他已让屠工将那头因在搭猪圈时砸断了脚的猪杀掉卖了。因长时间不思食,那头猪只取得了40公斤的肉。两头小猪苗已进栏一段时间,是到了把另一头猪处理的时候了。猪是15日凌晨杀的,两个屠工忙活了约两个小时。前一天晚上,挺着大肚子的阿清回了娘家,屋内天井里杀猪时,她和陆婆在床上说着话,而阿花与阿芳在另一个房里也说着悄悄话,只有潘叔与赖姨在忙前忙后。

15日早上,阿花的三个同学从市区赶到仙镇,阿花出门到圩镇把她们接到家。这时,阿清的丈夫,这个我们第一次真正接触的小伙子来到了他的岳父岳母家里。他热情地邀记者到他家做客,消瘦的面容上,是笑意和真诚。他叫阿荣。

一屋子人便热热闹闹地吃了一顿饭。

潘家杀猪实录

1. 3 点 40 分，潘叔与赖姨就起来烧水了。

2. 两位姓潘的屠工 4 点整到了，一进门，扔下家伙就到猪圈去。

3. 4 点 2 分，猪被赶了出来。

4. 4 点 6 分，白刀子进，红刀子出，一头大白猪一下子就被放倒了。

5. 4 点 7 分，放掉血后，浇热水，刮猪毛。

6. 4 点 20 分，猪被倒吊起来。4 点 24 分，自上而下，开膛。4 点 34 分至 38 分，一只肥而又肥的猪，被一刀劈成两半。

7. 4 点 45 分，屠工把自认为不好卖的部分如板油等割下来，留给潘叔，潘叔无可奈何。5 点整，收拾好家伙后，未见光的猪肉粥已弄好了，屠工没忘来一两杯白干。

潘叔记事簿

9 月 30 日：值班。晚上协助做计生统计报表。

10 月 1 日：镇干部到红村检查计生工作；给阿花姑姑家打电话，

阿花没在。

10 月 2 日：休息；阿花打电话回来；女人放牛。

10 月 3 日：用新买的水泵抽水灌溉上猪笼的田。

10 月 4 日：抽水灌田。

10 月 5 日：值班。

10 月 6 日：休息。

10 月 7 日：值班。

10 月 8 日：将那头 40 公斤重的猪杀了。阿芳送了些猪肉到阿清家。陆婆看病。

10 月 9 日：值班；女人与在龙村的妹妹一起到惠州小金口的妹妹家去。

10 月 10 日：女人回家。

10 月 11 日：陆婆头痛，吃药打针，几天共花了 120 多元；到瓷土厂划取土界线。

10 月 12 日：镇府送来文明村宣传牌，竖在村委会门前。

10 月 13 日：抽水灌田；下午，阿花回到家。

10 月 14 日：阿花借书，晚上同学送书来。

10 月 15 日：凌晨杀猪，卖肉 74.5 公斤。

第二十二章

潘叔要种果

接连三天的晚上，从 10 月 24 日到 26 日，潘叔都没待在家中，而是在检查站里度过的。检查站是村里设立的，在 205 国道的一侧，主要的职能是对运瓷土的车辆进行监控，然而潘叔去那里却与瓷土运输无关。

潘叔是为了尽村护林队员的责任，他打算在那里堵截偷伐者，那里是偷运木头的必经之路。24 日那天，潘叔从傍晚 6 点一直待到晚上 9 点，第二天则待到晚上 11 点，第三天也待到了深夜，潘叔把这样的行动形象地称为"伏击"。在红村，村民偷伐林木的情况并不常见，一年之中也就那么几起，凡接到群众的举报，潘叔便要带着队员去"伏击"，算来这是今年的第三次"伏击"了，而且这也是时间最长的一次。

24 日潘叔接到举报，说瓷土场附近有人偷伐了树木，堆在一起，大约有 2 立方米的样子。潘叔想，偷伐者总要把木头偷运出去卖掉，要偷运出去就得经过检查站，那时他便截住偷运者，再挖出偷伐者，而后将他们带回村里去处理。按照村里的规定，他们将会被重重处罚。让潘叔没有想到的是，一连守候了三天，竟然没有等到偷运者。26 日，已是深夜，潘叔决定不再"伏击"了，便叫了一辆车，将木头拉回了村里。被偷伐的树木有松树，还有些杂木，其实也值不了几个钱，大概能卖 200 多元。

现在是农闲时节，村里的工作不是很多，而家里也没有更多的事做，无形之中，"伏击"偷伐者便成了潘叔的一件重要的事，所以他花了三个晚上。十多天中，他曾到自家的稻田里去查看了两次，其实，也没什么要紧的活儿，晚造水稻正在灌浆，差不多还有半个月时间才可以收割，他去也就是看看有没虫子，还要不要浇水。自然，收割前的准备还是要做的，比如掏一些放水的小水沟，将不再需要的水放掉，以便收割时田里是干的。

虽然是农闲，人闲着但心却没有闲着。毕竟是一家之主，日子总得想着去过。过了今天还有明天，不仔细想想，日子又怎么可能过好？正是在这些天里，潘叔转开了一个念头：种果。28 日，潘叔郑重其事地向记者提出了一个请求，让我们帮忙给他找一些优质水果的种苗。

潘叔想种的水果是市灯塔办已经引种成功的美国李。他说，能搞到多少苗就种多少了。

潘叔之所以向记者提出这样的请求，是因为他读了报纸上关于市灯塔办已经引种成功了国外的优质水果新品种的报道，而报道正是我们中的一个人采写的。潘叔看到了这些优质水果新品种的发展前景，他动心了。

以前，潘叔没动过要种果的念头，一想到投入资金和所要的劳力，他就感到为难。即使是这次，他也很慎重。他说，种得太多了，以后怕没有人去管。

潘叔想种果并非说说而已，他已经有所行动。他有一个外甥女，和他同在衙门自然村，她家有一片山地，去年就已挖好了果穴。几天前，潘叔去找了他的外甥女，商量了种果的事。两家商定，一家出地，一家出苗，种下去后，果树一家一半。果穴总共有几百个，潘叔觉得，一二百棵果树，按现在家里的情况看，应该能够管好。

潘叔笑着对记者说："就看你们能不能搞到果苗了。"

再过十来天，晚造就开始收割了。忙完了秋收，下一步要忙的，便是种果了。潘叔打算，倘若果苗少，他在自己那片很小的山地上也要把苗种上去。

记者采访手记之八：

粮食多了也是一种负担？

从今年 8 月中旬开始，每一个圩日，潘家的内当家赖姨便会挑一担谷子碾了米到圩镇上卖，一连十来个圩日都是如此，有时候，还有人问到家里来买米。米价不算高，大约在 1.7 ~ 1.8 元每公斤。我们问过潘叔，他说基本上年年都这样，前几年，一过冬便将冬季所产稻谷加工成米去卖，自从他当了治安队员以后，经济状况好了一些，卖米的时间便推迟了。今年仓里储存的稻谷是 1000 多公斤，加工成米后大约有 650 公斤，能卖出的钱不过 1000 元左右。潘叔还告诉我们，村里其他农户也有存谷，但没他家这么多。米价并不好，为什么还是要卖呢？原因是年年都会收获几千公斤干谷，不卖掉又往哪里放？

潘叔家共种着 8 亩水稻, 4 亩是责任田, 另 4 亩是租种别人的, 其所种水稻是杂优种, 一般来说, 亩产均能达到 500 公斤, 因此早晚两造, 一亩地就能收干谷 1000 公斤, 即使把有的水田较贫瘠的因素考虑在内, 若 8 亩水田早晚两造都种上, 那么年收干谷绝不会少于 5000 公斤, 而粮食的消耗又怎么样呢? 潘叔家总共六口人, 但大女儿、二女儿常年打工在外, 在家里的也就四个人, 每人每天按 0.75 公斤米计算, 一家人一个月能吃掉的也就 90 公斤米, 全年算下来也就 1000 多公斤大米, 即使加上交公粮、各种提留、养猪养鸡等方面的消耗, 年消耗量应在 2000 公斤大米以内, 但是, 即使按 60% 的出米率计, 5000 公斤稻谷出米也在 3000 公斤以上, 因此, 他们家每年剩余的粮食至少在 1000 公斤大米以上。应该说, 这个数字并不小, 何况还年年累积呢?

从某种意义上说, 粮食多, 这已成为潘家及其类似农户的一种负担, 所以即使许多人都心疼, 也只好贱卖了事。粮食多给农民带来的压力, 不能不使农户去想解决的办法, 除了贱卖粮食, 还能想的办法便是减少粮食生产, 这从潘家的生产情况上也能看出这种趋向。潘家 8 亩地, 今年并未全种上, 早造只种了一半的水稻, 除种了一部分花生以外, 其余便休耕了, 只是到晚造时, 这才全部种上了水稻, 而晚造之所以都种上, 其原因是晚造米口感好, 好卖, 价也高过早造米。

这并非孤立的现象。在今年春插期间, 我们曾走访农户做了调查, 证实了这种现象有一定的普遍性。例如与潘叔同自然村的一个七口之家, 共种地 5 亩, 但早造只种了 2 亩。据该自然村村民小组长介绍, 大约有 40% 的人家选择在春种时少种, 有的甚至于不种。普遍的原因都是谷价不高, 人手不够。因为青壮年都外出打工去了,请人做工每天得花 20 元，且还要管一顿中午饭，算来算去，便觉得不划算。基于这样的考虑，这种现象可能在相当一段时间里还不会消除，除非能真正解决富裕粮食问题，或者有力地解决了种什么才好的问题。

从农民的角度看，面对粮食多带来的压力，作出少种的选择是自然而然的事，利用休耕，提高地力，也并非不是一种办法。然而这里仍然存在一个问题，那就是毕竟有一部分土地在一段时间中被闲置，在某种意义上造成了土地资源的浪费，生产作用未能最充分地得到发挥。因此，这应被视作是一个值得人们去关注的问题。

潘叔记事簿

10 月 17 日：值班。村里的六名人口普查员去镇里人口普查学习班参加为期三天的学习。

10 月 18 日：值班。

10 月 19 日：到田里看了看禾苗生长情况，掏了一些排水的沟。

10 月 20 日：值班。

10 月 21 日：下槎城帮堂哥搬入新居。

10 月 22 日：下雨。雨水对正在灌浆的禾苗有好处。

10 月 23 日：值班。

10 月 24 日：有人举报发现被偷伐的树木，晚上 6 点进瓷土场附近伏击偷伐者，未果，直到 9 点方回家。

10 月 25 日：晚上继续伏击偷伐者，未果，11 点回家。

10 月 26 日：中午按村党支部副书记要求，草拟纯女户养老保险发放个人手中合同，全村三户，每户 2000 元。晚上伏击偷伐者仍未果，叫车将约 2 立方米木头拉回村委会。

10 月 27 日：镇计生办下村检查核实计生对象 2000 年"一卡七册"落实情况。红村早已将之上报并被评为镇计生合格村。

10 月 28 日：到上猪笼稻田掏沟放水，稻谷正在黄熟，估计十天以后便能收割了。

第二十三章

红村要建潘氏围客家村

最近，潘叔主要忙着两件事：一是市县旅游局准备在红村的楼角下（即新衙门村）建"潘氏围客家村"，潘叔少不了忙前忙后做领路人；二是该收稻子了。

楼角下自然村的客家围龙屋古老而且保存较完好，加之许多围龙屋现今没住多少人，大多已搬出去了。市、县旅游局于是考虑将这里辟为一新旅游景点，把游客拉进围龙屋中居住，然后适当地开挖一些鱼池，搞几块菜地，好让都市客人来此体验客家民间的生活情趣。好处是明显的，它可增加当地经济收入，不像以前那样，拉来客人参观一下，有时连门票也没买就一溜烟地坐车走了，到头来，什么也没留下。

潘叔对新衙门村的一砖一瓦都了如指掌，关于这里的典故他能娓娓道来。潘叔觉得建客家村是件好事。他的理由很简单，开辟旅游点后，有人管理，道路将变宽，居民生活区的周边环境也将干净利索，这于村容村貌是件有利的事，而且村民在客家村摆个小摊位，游客人来人往,也能挣几个钱。自然,潘叔也有自己的小算盘:到客家村里打一份工,当保安、做管理员、搞搞卫生,或弄个小摊档什么的,这对于年近半百的他来说,无疑也是件很适宜的事。

关于建客家村,市、县抓得紧。10 月 30 日晚 8 点,潘叔刚结束铁路红村段二级保护工作,就接到镇潘宣传委员来村组织召开座谈会的通知了。镇里要求衙门村和楼角下(新衙门村)两个村民小组的组长,将各组围龙屋的住户登记造册,包括搬迁情况与空余房间数目都要搞清。第二天,市旅游局来人到新、老衙门村做调查,潘叔忙前忙后帮着介绍围龙屋的情况。他是这里土生土长的客家人,对情况很了解。由于围龙屋主要集中在楼角下(新衙门村),因而"潘氏围客家村"将定在楼角下。11 月 1 日,市政府副秘书长、旅游局高局长一行人又来到村里,对围龙屋进行全方位拍照,好留下资料对屋形进行规划。随后几天,这一行人几次来村里召集村民开座谈会,因为办客家村,要涉及征地、修路、搬迁住户等问题,所有这一切,都得征询当地老百姓的意见。

近几年来,留在村里的劳力越来越少了,小伙子姑娘们都外出打工了。今冬征兵,尽管潘叔也一五一十地写了很多通知,张贴了不少标语,但适龄青年报名参军的仍不多,在外打工的没回来,在家报名的没几个。农活现在几乎都落到了老弱妇孺的身上。要建客家村,这对缺乏劳动力的家庭来说更是好事,他们可以从中寻找新的增加收入的路子。座谈会上,村民都表示支持,需要他们腾出空余的房子,他们也乐意腾出。潘叔想把自己家里打扫干净点,他希望家中某一天也能住进几个游客。尽管他家不在楼角下,而在老衙门村。

潘叔这人较容易满足,遇到高兴的事总遮掩不住,喜悦总溢于言表，对村里办客家村是这样，他自己最近配了个寻呼机更是如此。潘叔每天都要把新买的寻呼机掏出来看一看，听一听振铃声。为了方便与各治安队员联络，以应对突发事件，村委会决定给三个治安员配上寻呼机。潘叔是治安队队长，更不例外。11 月 2 日下午，村干部带着潘叔等三个治安员去市区买了寻呼机，每台寻呼机 240 元（包一年台费）。潘叔说，用公费配备寻呼机，这没有先例，所以潘叔认为自己是受了特殊待遇。寻呼机刚装好，因没有几个人知道号码，也就没几人呼叫他，激动的潘叔只好自己在家里呼叫自己，一连呼了好几个，听各种振铃声。潘叔还想着，某一天能拿上手机就好了。

高兴归高兴，秋收又开始了，潘叔还得下田去收割他那 9 亩多的稻子。不过，现在的他可是别着寻呼机下田，因为他担心村里随时会有人找他。

11 月 6 日，早上天刚蒙蒙亮，潘叔就起床了，做好早饭，再准备好午餐，将饭菜担到上梅子坑的田间，于是一天的收割活动就开始了。潘家请了两个人工，换了两个人工，加上潘叔、赖姨，一共六个人。这一天割了 3 亩地，收了 17 担谷，差不多 1000 公斤。请工 20 元/天，雇手扶拖拉机拉谷 15 元/趟，潘家秋收主要开支就在这里。11 月 7 日，考虑到赖姨以后换工忙不过来，只好减少了一个换工，这天割了 1.8 亩稻子，收回 11 担谷。潘叔觉得今年稻子的收成并不理想，至少是没往年好。稻穗易脱粒，割禾时稍微动动就掉了不少谷子在田里。潘叔认为这主要与气候和种子质量有关。他说其他农户家也有这种脱粒现象发生，而往年很少这样。

潘叔、赖姨他们在田间收割稻子时，阿芳和陆婆就在家中晒谷。

11 月 9 日，潘家请了四个工。这次主要是割上猪笼的 4 亩多地，

177

只一天就全部搞定了，共收获了 20 担谷，加上上梅子坑田里产的，潘家今秋 9 亩多地共收了 2500 多公斤干谷。如今这些谷子全部装进袋中，堆放于墙角，只等进仓了。今年上半年的存谷，潘叔早让赖姨卖掉了，现在只等着新谷子进仓。

潘叔心里明白，靠种稻子挣不了多少钱，现在的他，心里一直盘算着的是建"潘氏围客家村"的事。

潘叔记事簿

10 月 30 日：值班。下午接派出所通知，于下午 5 点 30 分至 7 点到铁路边进行二级保护；晚 8 点，镇潘宣传委员来村召开关于在新衙门村建"潘氏围客家村"的座谈会。

10 月 31 日：值班。写征兵标语，征兵通知发到各生产小组；下午市、县旅游局来人到客家村拍照。

11 月 1 日：张贴征兵标语；市旅游局来人到客家村拍照。

11 月 2 日：镇村干部落实瓷土厂对农户农田造成损失的补贴方案。初步确定，每亩被损坏的田补贴 100 至 150 公斤稻谷；下午到市区装寻呼机，公家装配，共 240 元钱。

11 月 3 日：值班。县理顺办来村检查工作，准备在红村设先进点；下午到自家田里查看禾苗，准备收割。

11 月 4 日：值班；女人赶圩。

11 月 5 日：值班；女人早上到惠州外甥家喝喜酒，送礼金

100 元。

　　11 月 6 日：早上 6 点起床，去上梅子坑割禾。

　　11 月 7 日：继续到上梅子坑割禾。

　　11 月 8 日：到上猪笼割禾；下午下小雨，5 点回来。

　　11 月 9 日：到上猪笼割禾；中午镇宣传办与村干部到楼角下自然村（即新衙门村）与各家户主进行座谈，了解群众对建客家村的想法；晚上将县护林、防火通知书发到各自然村生产组长手中。

　　11 月 10 日：值班。镇、村干部就修通"潘氏围客家村"的道路及拆迁问题进行进一步核实。

　　11 月 11 日：下雨，收在晒坪上晒的谷子。

● 第二十四章

渴望变化

我们报道中的主人公潘叔的家所在的仙镇红村，有一大片保存得较完好的客家围龙屋。村里年纪最长的老人也说不清楚这些老屋有多少年的历史。在一些断壁残垣间，你能找到一些曾经精雕细刻过的窗棂、大梁、柱子，在经年的风吹日晒雨淋后，或剥蚀，或褪色，或腐朽。但是，真实鲜活的历史仍静静地在这些残垣断壁间流淌。所欠缺的，只是人们去发现，去感受，去触摸罢了。围屋的后裔在一辈辈老去，他们的生活，就是整日在围屋里转悠。当然，与老一辈相比，变化是绝对的，只是相对细小，不易觉察罢了。

而现在，这片老屋要发生一件大事了。市、县旅游部门决定在红村的楼角下自然村建客家村的计划，渐渐有了眉目。

打一开始，潘叔对这事知道就快。楼角下自然村的那片老屋离潘叔的家也就几十步路，有人来调查了解，总会找到他陪同。市政府副秘书长、旅游局高局长来对屋子拍照时，也是潘叔引的路。潘叔搞不清楚高局长现在担任的职务，说起来总是张嘴闭嘴的"高书记",这是因为高局长曾在东源县担任过一段时间的县委副书记。

潘叔口里不说,但他心里却很关心建客家村的事。他说,建客家村是一件大好事,对改善村容村貌大有裨益,而且,自己说不定还能到客家村里打一份工。至于是当保安,还是做管理员,他都挺乐意的。

潘叔一度有些担心建潘氏围客家村的计划会"流产"。就在建客家村工作紧锣密鼓地筹划的过程中,潘叔在市电视台新闻节目上看到了关于本县义镇苏围村的报道。潘叔心里一咯噔:客家村是不是准备建到苏围村去?当然,潘叔虚惊了一场。事后潘叔说:"我还是有这点敏感的。"他对建客家村的关注溢于言表。

13日至15日三天,镇里请了人对老屋进行丈量、绘图。潘叔不是很懂,但他听说这些材料将递交给有关部门研讨。23、24日两天,潘叔陪同村党支部副书记去了楼角下自然村和下地塘自然村,与建客家村涉及的几户村民谈话。潘叔的说法是跟他们"打个招呼",让他们有个心理准备。潘叔还听镇宣传办的同志说,镇里与旅游部门签了合同,12月10日前,客家村的筹建办公室将设到村里来。照此看来,一切已准备就绪。

一提到建客家村的事,潘叔就显得有些兴奋。看得出来,他渴望这片老屋能发生点变化,正如对自家的生活一样。

这段时间,潘叔的活动主要集中在村里,即使村里无事可做,他也得值班,哪怕看看报纸什么的。一年两次的农忙真正是忙完了,但是,潘叔的活计总像是做不完似的。11月21日,他花了一整天时间,将上猪笼的稻秆收回来,堆了一个大秆垛。整个冬季里,牛就全靠它们了。收回来的稻谷用蛇皮袋装了几十袋,或立或倒,堆放在客厅里,使这个原本不宽的屋子,更见拥挤了。然而,有客来时,还得在这里招待，潘叔总得挪好地方，客人们才能落座。全家人吃饭也就在这里，通常，年老的陆婆会坐在那张类似沙发的长木椅上，一只脚就蹬在椅上，膝盖贴近胸口，这是陆婆的习惯，似乎这样才舒服。而潘叔则坐在陆婆的对面吃饭，背后便是那些稻谷，一伸腰，背就蹭到蛇皮袋上，潘叔却丝毫不觉得不习惯。

　　跟潘叔相比，赖姨这段时间的心情就显得大为不好了。11 月 16 日那天，潘叔两口子去一户人家"还工"，割了一天禾。傍晚回来时，小女儿阿芳说，外婆家来电话，外婆病得厉害，叫赖姨赶紧回去看看。赖姨的母亲患半身不遂已多年了，一直卧病在床。听到这个消息，赖姨心忧如焚。次日一大早，赖姨没吃早饭便往义镇娘家赶去。潘叔跟着也打了电话过去。赖姨姐弟几个全赶回去了，她母亲病得气若游丝。在娘家服侍了两天，看看没有什么起色，赖姨记挂着家中杂事多，19 日中午又赶回了红村。潘叔说，他也想去尽点孝道的，无奈家中有老有少，村里杂事又多，只得作罢。

潘叔记事簿

　　11 月 12 日：与女人到上梅子坑割 1 亩糯谷稻。

　　11 月 13 日：值班。县理顺办来人检查红村村民自治工作。

　　11 月 14 日：值班。市扶贫办、灯塔办派人到村里预定果苗。

　　11 月 15 日：值班。村财务核算小组将红村上月的收支状况张榜公布。红村照例是每月 15 日将上月的财务公开。

11 月 16 日：跟女人去"还工"，帮人割了一天禾。女人娘家来电话说母亲病得厉害，叫她回去。

11 月 17 日：值班。村两委干部到镇里开会。女人回义镇娘家。

11 月 18 日：值班。上午村干部开会。记者来采访。

11 月 19 日：村委召开全体党员、生产小组组长及村民代表大会，一是讨论并通过村民自治章程；二是决定完成以前未修好的楼角下自然村通往镇政府以及衙门自然村通往老圩镇的两条道路；三是号召村民大搞农业综合开发，要求把去年没种的果全部种上。中午女人从娘家回来。

11 月 20 日：收到有关县里将组织保健医疗队来村里为妇女做体检的通知，并将之写在村委会门口的黑板上。

11 月 21 日：捆稻秆，堆秆垛，从上午一直做到下午 5 点多。

11 月 22 日：值班。

11 月 23 日：与村支部书记一起到楼角下自然村，围绕客家村的房屋使用问题与现屋主协商。

11 月 24 日：与村支部副书记一起到下地塘自然村，筹建中的客家村停车场拟建在该村，到涉及的几户人家去做前期工作。

11 月 25 日：记者来采访。

第二十五章

潘叔当了外公

赖姨几天里都不在家，12月8日晚上回来了一趟，露个脸，第二天一大早又匆匆出了门。

内当家外出，作为一家之主，潘叔似乎就该里里外外忙了。其实不然，潘叔的记事簿上，仍然一日一日地记着值班、值班，除了12月3日在家休息了一天，他天天在村里忙着。尽管是冬天，尽管是农闲时节，但一年又快到头了，村里的事反而多了起来。还好小女儿阿芳帮得上手，家务活由她操持着，家里依然显得井井有条，并不见得繁乱，地是干干净净的，房里是清清爽爽的。

自从今年7月阿芳从仙镇中学初中毕业以来，阿芳的出路，一直是潘叔心中的一个结。他也想了不少办法，托了不少人，但让她去打工的事却一直没个着落。半年多来，阿芳闲在家，帮着母亲料理家务。一桩心事装着，潘叔有时难免显出一副疲乏的样子来。不过，最近一段时间却有些不同，这种不同，明明白白写在潘叔的脸上：瘦削、尖长、古铜色，经历过四十八年人生风雨的这张脸，已经布满了皱纹，但现在每一种表情都饱含笑意。

潘叔发自内心的喜悦，是有其道理的。

月初，远在广州的阿花打电话告诉潘叔，她当了班干部，是学习委员。阿花还告诉他，期中考试结束后，她得知自己考得不错，语文成绩全班第三，其他科目也全都在80分以上。阿花还说，学院还安排她勤工俭学，但她怕影响自己的学习，她想不去行不行。潘叔告诉二女儿，去不去勤工俭学，由她自己决定，不过得给老师说一声。

放下电话，潘叔心里踏实了许多，他知道，几个月下来，阿花已经完全适应她的学生生活了。儿行千里母担忧，女儿外出求学，做父亲的还不是一样担心？最初时，阿花因在同学中年纪最大，与同学显得隔膜，同学关系处理起来难，而且她离开学校好几年了，对学业已生疏，这次重新入校，学习显得十分吃力。这两个方面，都让阿花感受到巨大压力，所以，潘叔十分忧虑。这下，总算能让自己放下心来了。

除了这件事，还有更令潘叔振奋的：一个小男孩诞生了，大女儿阿清做了母亲，自己当外公了。

阿清今年2月结婚，夫家住在徐村。成家以后的阿清依然在市区精电厂打工，只是偶尔才回来一次。11月18日，怀着身孕行动渐渐不便的阿清向厂里告了假，便回到夫家等待孩子出生。12月7日上午，阿清临产，住进了205国道边的县中医院。做母亲的最知女儿心，所以，赖姨一早便赶去医院照顾女儿了。

赖姨照顾女儿怎么忙着，潘叔不知道。但潘叔知道，阿清7日下午便生下了小孩，他现在已经有了一个小外孙。尽管照顾月婆子十分忙累，但赖姨还是抽出时间，当天就打电话将阿清的情况告诉

了潘叔。初当外公的心情，自不必说了。不过，高兴归高兴，喜悦
归喜悦，他这当外公的，要想知道外孙长得怎么样，还得等上好一
阵子。按照本地风俗，潘叔只能等到小孩做满月时才能第一次见外
孙。而现在，潘叔只是盘算着怎么给外孙准备见面礼。

赖姨在阿清那里忙碌，阿芳在家忙碌，而潘叔却在为村里忙碌，
当然，那都是值得他去忙碌的一些事。每到年尾，村里的事务便会
多起来，差不多年年如此，今年更是天天有事，其中最重要的就是
给村民发放《村民自治章程》了。《自治章程》的制订是村民自治
制度的重要体现，《章程》由村委会草拟，然后交由村民大会讨论通
过，最后印刷成册，发放到各家各户。红村人 12 月 1 日领到了他们
的《自治章程》。令潘叔不无自豪的是，全县范围内，红村是第一个
开展这项工作的。还有一件事也很重要，红村开展了文明户评选活
动，在自报时，潘叔毫不犹豫地也为自己写上了名。

记者采访手记之九：

房子，修还是不修？

早在今年 3 月的时候，我们就曾经问过潘叔，是否打算修房。
那时，正是市里召开全市农房改造工作会议半年之后，各地正在积
极试点，推动农房改造工作迅速开展，而仙镇则在潭村进行了农房
改造的规划和建设。当时，潘叔不无玩笑地告诉我们："想啊，政府
给我钱我马上就建！"我们心里清楚，潘叔委婉地传达了一个信息：
他还没打算建新房，至少最近几年是不大会建新房了。

又是大半年过去了，我市农房改造工作，经多方努力，已然取

得了不小的成绩，特别是龙县谷镇，全镇选点 83 个，规划户数 495 户，已动工的就有 363 户，建好一层以上主体工程的则有 195 户，其社会效益令人刮目相看；而仙镇潭村农房改造试点也相当顺利，建设得像模像样了。于是，我们再一次询问潘叔是否有建房的打算。这一次，潘叔的回答较前次就直接得多了，他说："怎么不想啊，但没有这个经济能力，想又有什么用？"

潘叔的住房是仙塘一带保存较完好的典型客家民居，正是因为有着这种原汁原味，所以当市、县旅游部门决定在这里建"潘氏围客家村"时，尽管离潘叔的住房还有一定的距离，但潘叔仍然感到振奋，表现出极大的热情来。潘叔认为，待客家村闻名以后，将自己的住房打扫一番，用以待客并不是一点可能也没有的。

潘叔的住房是大围龙屋建筑群落的一部分，五个房两个厅，外加一个天井，且青砖到顶。房间大小相当，每间面积约 10 平方米，其中一间为厨房，一间为储藏室，三间住人；两厅均为过厅，每厅面积均少于 10 平方米，其中一厅用于待客，厅上设阁楼，阁楼上设有粮仓。潘叔住房的格局和陈设，与十几户邻居并无二致，倘若不考虑建筑年代，就这么住着，原也是说得过去的。

和乡邻们一样，潘叔的住房是在土改时分得的，自小他就住在这里，结婚生子也都是在这里，而这住房的"年龄"，则比他还年长，据说是清朝末年所建，其历史远远超过百年了。因此，凡是有办法的乡邻，要么到市区买房搬过去住，要么就在 205 国道边或镇政府旁边买地建起了新房，余下的，便都是像潘叔所说的，是没有能力建新房的人家了。

按有关人士的说法，传统的中国农民，一生中有两个最大的愿望，甚至可以说是两大人生目标，一是娶妻生子，二是建新房，倘若其中任何一个目标未能实现，都是人生一大憾事。从这种意义上看，潘叔想建新房的想法是真实的，绝非搪塞我们。潘叔无法建起新房，关键的问题是拿不出那笔钱来。潘叔曾告诉我们，在镇政府附近买一块 60 多平方米的地皮，地皮费要 1 万多元，建一楼一底，至少不下 5 万元，对潘叔来说，这是一笔巨款。

一般说来，农民建房的投入只能来源于积累，倘若贷款，他必须充分考虑偿还能力。潘叔的实际情况是，多年的积累数目并不大，不足以平衡建新房的投入，而一年中收支相抵，即使有盈余，为数也甚少。若要建新房，潘叔唯一能考虑的是想办法增加收入，但是从现实情况来看，他却没有什么增加收入的途径。如果从 2000 年的情况来分析，潘叔家的收入减了，而且开支也大了。这是因为田里增收的幅度几乎可以不计，但阿清出嫁了，阿花又去读书了，打工的收入便没有了，而阿花读书虽是免费，但生活费却是月月要开支的。所以，潘叔建房，在短时间内是难以实现的。

潘叔的情况，在衙门自然村甚至在红村，都是比较典型的。据今年 3 月我们在衙门自然村的调查显示，拥有 39 户农户的衙门自然村，近几年中仅有 10 户建了新房，4 户已买了地皮，其中还包括 5 户在市区买房的，建房比例仅占 30%。潘叔和衙门的情况表明，仅从建房的角度来看，农村经济仍然相当薄弱，特别是对我们这样的欠发达地区来说，农民手中可供支配的货币依然比较少，在消费方面，至少是在大宗消费上显得极其无力，而这正是我们在脱贫奔康工作中遇到的最关键问题。

解决问题的关键，在于促进农村经济的繁荣，让农民增收，且能持续下去。对农民而言，是要寻找增收的途径；对于政府而言，是要引导和帮助农民寻找增收的途径。倘能真正做好这一系列工作，农民和政府都为此做出各自的努力，脱贫奔康的步伐便快了，而潘叔们离他们新房的距离，自然也就接近了。

潘叔记事簿

11 月 26 日：值班。

11 月 27 日：女人去上梅子坑收稻草。早造稻草全数扔掉了，晚造稻草喂牛，1500 公斤稻草够牛吃一个冬季。

11 月 28 日：值班。抄写各村民小组上报的文明户名单，包括自家在内，衙门上报了二十余户。

11 月 29 日：值班。县妇女保健医疗队到村对妇女进行收费体检。

11 月 30 日：上班，填写 2000 年 10 月至 11 月计生报表。

12 月 1 日：上班，向各村民小组转发《村民自治章程》和《村计划生育章程》。制订这样的自治章程，红村是全县头一个。

12 月 2 日：写查环查孕通知并发给村民小组长。

12 月 3 日：在家休息。

12 月 4 日：与镇护林站护林员一起，到上梅子坑检查红村护林防火情况，未发现异常情况。

12 月 5 日：镇计生服务所人员到村查环查孕，应查 60 人，当天实查 56 人。

12 月 6 日：村召开村道建设招标会，开标 2.3 万元，中标 1.8

万元。下午到派出所核对计划生育育龄人口。

　　12 月 7 日：上班。阿清生下小孩，为男孩，女人去县中医院照顾阿清母子。

　　12 月 8 日：上班。女人晚上回家告知有关阿清的情况。

　　12 月 9 日：上班。一大早女人又去照顾阿清。

　　12 月 10 日：上班。

第二十六章

等待来年？

12 月 31 日晚，潘叔和赖姨商量后决定，第二天，也就是 2001 年元旦下一趟槎城，潘叔带上阿芳，去市区的一些商场转转，买些东西。

一年已过完，一个世纪也要过去，但潘叔并不像城里的人们那样，会产生特别的感觉，就像他的邻居所说，农村人对这一类节日不感兴趣，也不会放自己的假。潘叔也觉得，它跟平常的日子没有任何不同。潘叔选择元旦下槎城，是因为他需要买一些东西，时间紧迫。

大女儿阿清的孩子差一个星期就要满月了，早在这天以前，潘叔和赖姨就在做准备了。按照本地的风俗，潘叔是不用去徐村女婿家的，那是女人家的事，但买东买西，自然还得亲自出马。潘叔打算给外孙买一张小摇床，除此之外，他准备买一些冰片糖之类的东西。

已经做了外婆的赖姨，这些天来显得特别高兴，脸上总挂着笑。本来，给外孙做满月，她得从老早起就动手给小人儿做些衣服、鞋帽等物，不过，她并没有做，毕竟现在时代不同了。她说，现在街上什么东西都有，要什么去买就行了，比自己做的还好呢。到时一买齐，和着家里养的鸡、鸡生的蛋，一齐挑着送去就妥了。

为外孙做满月，这是头一回，自然，这算得上是家中的大事了。这个日子越临近，潘叔想这事的时候就越多，虽说又要花钱了，这给经济状况已显得窘迫的他增加了不小的压力，但他还是决定，该花的钱一分也不少花。三个女儿，在潘叔心里都是一样重要，她们的事，他都一起装在心里。就在潘叔给外孙做满月准备的时候，远在广州岭南工商专修学院读书的阿花给家里又打来了电话，那是在星期五，也就是 12 月 29 日。电话是陆婆接的。阿花说，学校放寒假了，1 月 8 日就要回家，可是没有路费了。潘叔听了这话，不免有些着急，怎么到现在才说呢？他知道阿花确实是没路费回家的，原来阿花说过她不用家里寄路费去，大约是她将那些钱买了必需的东西了，要不然，就只几天时间了，她才不会打电话回来要呢。潘叔考虑到时间紧迫，第二天一早便到邮局去寄钱，由于是双休日，仙镇邮政所按惯例不开门，所以他专程坐车到了徐村，在县邮政局里将200 元钱寄给了阿花。虽然钱寄了，但潘叔还是老在担心：阿花是否能及时收到呢？

和家里的事相比，村里的大事或许更加令潘叔振奋，有些事，虽说他并没有直接参与，但一说起来，他便眉飞色舞。

最近大半个月中，潘叔在村里的事务比较繁忙。到了年终，上面下来检查的特别多，各项工作都得做好迎接检查的准备，就拿计生抽查来说吧，光是准备那个计生年度报表，潘叔和另外两人前前后后就忙了大约一个星期。不过，这并不是令他激动的原因。真正令他振奋的是两件事：种果和潘氏围客家村的兴建。

12 月 30 日上午，市旅游局的一些旅行社经理、行政干部一行二十多人，又一次来到红村，参观考察潘氏围客家村的情况。待他们一走，红村党支部、村委会紧接着就在下午召开了会议，讨论决定由村里投入 30 万元，修建从圩镇到客家村的水泥路，修建停车场并在村委门口修建一个文化广场。一些村民还表示，如果这个景点能确定下来，他们还可以减免两年的房屋租用费。也是在这次会议上，村里还决定，委派村主任去市里面见市政府副秘书长、旅游局高局长，详细谈一谈村里的意见，以使客家村景点早日落实下来。对这事，潘叔特别热心，他有他的现实考虑，所以，一听到村里的这个决定，他便很振奋。他认为，村里的这个决定，表现了村里建设景点的决心，也开出了更多优惠条件，拿出了以更好的优势与人竞争的架势，使潘氏围客家村景点的确定离现实越来越近了，这能不使人高兴吗？

和客家村兴建仍在"纸上谈兵"不同，种果的事却是正在进行着。12 月 27 日，村里的干部到灯塔优质果苗繁育场领回了第一批美国优质李等果苗，共 9900 株。早在几个月以前，村里就已经与果苗场说好了，要他们 2 万株优质果苗，而且交了订金。果苗的价格不低，每株要 5 元钱。村里的想法是，由村里出果苗钱，然后分发给农户自己去种。潘叔也想种果，想法早就有了，但他没有山地，所以只好与亲戚协商共同种，不过这次他还未拿种苗，他想等第二批果苗来。

12 月 29 日，村里干部下了槎城，到石峡附近去购买垃圾肥用作果穴的基肥，这是为村集体的优质果基地准备肥料。村里的水果基地是前年冬就打好果穴的，那时候，市里提出要"在山上再造一个新槎城"，推动各地利用山地资源，上山办基地，种水果。因为当时需要的果苗未得到，所以未种。村里打算买30车垃圾肥，每车装7个立方米，每立方米要30元钱。当天，村里派了两名干部带车，而其他干部就等在路口，等运肥车来时，好将车队引到山头上去。潘叔是那些等在路口的人之一。他十分乐意做这事，他相信，无论是集体种还是农户种，都是件好事，都能增加收入。他读过报纸上关于这种水果引种的报道，相信这些优质果肯定好卖。正因为这样，一向对种果不积极的他，这次终于下了要种的决心，并付诸行动了。

　　一年过去了，潘叔说，日子总是这么过，平平常常，无波无澜。一年过去，便等着另一个一年，仿佛四十多年的人生，就这么过来了。明年有什么打算呢？潘叔笑着说："没什么打算啊！"其实，有没有打算并不要紧，农家生活没打算也要过。潘叔仍然笑着说："明年来了再说。"

记者采访手记之十：

和潘叔一起算账

　　一年过到了头，不知道有多少农户是认真算过自己家里头的那一本经济账的？就好比一个企业，到年终时来一次财务结算，收入多少，支出多少，收支是否平衡，盈利还是亏损。就我们的观察而言，也许不是所有的农户都未算算这个账，但绝大多数的农户，相信是没有算过的。在今年以前，潘叔就属于那绝大多数中的一户，他从没算过，也没想过。

　　跟农户仔细地算一算一年中收入与开支的账，弄清农民经济生活的真实状况，是我们策划这个报道的主要目的之一。当时，农民增收的问题已经受到各方面的关注了，从我市来说，市委市政府也在一年前提出了全市在 2003 年实现小康的目标，其中人均收入一项要达到 4300 元。五年之中，农村人均收入要以每年 300 元的速度递增，看似容易，实则有些困难，因为从全国各地农村的情况来看，农民增收的速度正在减慢，而且如果没有可靠的创收途径，农村人均收入的数字并不存在必然增长的可能性。我们的目的，就是要通过与农民算账，来看一看他们的主要收入项目和主要开支项目情况的变化，以期从中看到增收的必然途径和方法。我们要同潘叔算一算他家经济账的想法，在第一次与他接触的时候，就明确地告诉了他，而且得到了他的认同。所以，在以后的报道中，我们对潘叔一家的经济活动，陆陆续续进行了并不完全的反映。由于众所周知的原因，作为一个传统意义上的农民，潘叔像大多数农民一样，并不太愿意彻底地暴露自己，何况经济状况问题属于农村家庭中最大的"秘密"呢？

　　对潘叔的一些担心我们是充分理解的，但我们仍然不断地说服他，让他尽量放下心来。最后一个月的第一个星期天，我们便正式提出，准备算账了。之所以这么早就提，我们是想让潘叔做好心理准备。当时，潘叔依然进行了推辞，他的理由是算不清。第二个星期日，我们再次去采访时，便将一张表带给了他。表是我们自己制作的，详细地列举了就我们所知道的收入和开支项目，并列出了投入、产出、收益等项要求他一项一项给我们讲。但是潘叔还是感到有些为难，虽然他同意算账，但他要求我们将表留下，让他考虑考虑，而后填写。我们同意了他的要求，但同时我们也请求他如实填写。我们说，因为我们需要的是一份历史资料，各项数据要力求客观真实，要实话实说。对此，潘叔答应了我们。后来，在拿到潘叔填写的表以后，我们又就他所填写的数字，回头与他讨论了一次，他也将某些数字做了适当修订。

与潘叔在一起算账，让我们感慨良多。我们不是专业统计人员，所以我们也不太了解科学的统计方法和计算方法，因此我们确实无法准确评价人均收入这一数据。但通过这种方式，我们却明白了一个简单的道理，那就是农户收入支出的情况万分复杂，有些连农户自己也说不清，所以要获得人均收入的真实、客观的数据，就必须真正深入农村，进行定点定性的全面调查，并科学地予以分析。若草率地获得一个数据，对农民的生活影响就将是巨大的，比如说，如果我们的人均收入数字与真实情况差距较大的话，那我们就很难知道农民的负担究竟是大还是小。

回头再来说潘叔家的账。潘叔说难以算清是有一些道理的。例如养猪，可以明确知道的是猪苗钱、饲料钱、卖猪的毛收入，但像潘叔这样的非专业户，他并不是完全用饲料喂的，那么像他们投入的劳力，用的自备饲料（包括剩饭剩菜及部分粮食以及粮食生产中的一些附带产品）是否需要计入成本？而这部分饲料的量还是主要的呢。且不说每头猪的收入仅不足200元，倘将后面的各项纳入成本，那养一头猪能赚到的又是多少呢？再比如打工，打工拿工资，似乎很清楚，但打工者要吃要穿要用，除开这些，能拿回家的钱又是多少呢？从某种意义上说，家庭作为一个核算单位，除从邮局寄回家及自己带回家交出的那一部分外，其余是无法纳入家庭账簿的，因此，其余部分就只能做减少开支来看待。

应该说，潘叔家庭的情况并不具备普遍性，它只是一个点，甚至是一个特殊的点，但在中国千千万万的农户中，与潘叔相似的家庭应该也不在少数，因此它似乎可以被看作一个类别。一个家庭有一个家庭的难处，农村家庭更是如此，如果人们能够从潘叔的收入开支状况中窥到这一类别家庭的基本生活面貌，那也就不枉我们与潘叔算一回账了。

潘家 2000 年家庭收支概况

早造

一、早造实耕水稻面积：5 亩

1. 购买杂优种子：10 斤（每斤 9.5 元）95 元。2. 化肥 2 包（每包 75 元）150 元；复合肥：2 包（每包 70 元）140 元；磷肥：3 包（每包 25 元）75 元。3. 农药：除草剂（每亩按 5 元计）25 元，除虫农药（每亩按 6 元计）30 元。4. 拖拉机打田（每亩 50 元计）200 元。5. 另种花生 1.3 亩：购买种子 30 斤（每斤 2 元）60 元；买除草剂 7 元。

二、劳动工时投入

1. 整秧地至完成插秧用牛、用人工：13 工。2. 施肥、田间管理、除草、除虫、抽水用工等：10 工。3. 晒谷、入仓等用工：4 工。4. 割禾、运输用工：15 工。种花生用工：整地用牛、用工耙田 2 工；人工种植用工：6 工。（工：每人每天的劳动为 1 个工，下同）

三、产量

1. 水稻 5 亩（亩产 700 斤）共收获干谷 3500 斤（每 100 斤为 40 元钱）。2. 花生：1.3 亩（亩产 200 斤）共收获 260 斤（每斤为 1.5 元）。

晚造

一、晚造实耕水稻面积：9亩

1. 杂优种：18斤；2. 化肥：3包；复合肥：3包；磷肥：3包。（款项跟早造单价一样）3. 农药：除草剂（跟早稻每亩计款同）；除虫药（跟早稻每亩计款同）。4. 拖拉机打田款200元。

二、劳动工时投入

1. 整地至插完秧用牛、用人工：20工。2. 施肥、田间管理、除草除虫、抽水等用工：15工。3. 晒谷、入仓用工：8工。4. 割禾、运输出钱折工：27工。

三、产量

水稻9亩（每亩按600斤计）收干谷5400斤（时价为每100斤60元）。

山地及其他经济作物

一、菜类：自种自给。二、水果：1999年霜冻已死。三、旱地：种黄豆30斤，（每斤1元计）收入：30元。

副业

一、养猪：6只（除成本、饲料、治病、防疫等付出款外，每只赚150元）共900元。二、养鸡：无。三、工资收入：（每月450元计）收入5400元。四、打工收入：无。五、养牛收入：卖小牛1只收入650元。

全年支出情况

一、税费支出

（一）公粮（包括农业税、村镇提留等）农业税：74.25元，

（六口人的地），五保粮：8 公斤，优抚：18 公斤（四口人计），纯女粮：2 公斤，兵训：6 公斤，水费：49 公斤，管理费：32 公斤（收购价 40 元 100 斤）。（二）其他税费：生猪屠宰税 6 只，每只 15 元共 90 元。

二、家庭吃用开支

1. 粮食：（每月 250 斤计，包括 1 人 1 斤的口粮和用于饲料的粮）12 个月共 3000 斤，碾米款 120 元。小猪喂饲料：一袋饲料 80 斤 75 元。2. 菜类：（每天 5 元左右）12 个月 1800 元。3. 烟酒：烟每月 30 元、酒每月 5 元，共 420 元。4. 燃料费：每月一瓶 60 元计 660 元。5. 茶、小吃：每月买茶 10 元、小吃每月 10 元，共 240 元。6. 礼费：一年约计 600 元（家内喜事支出不算）。7. 衣物：300 元（一人平均 60 元）。8. 水费、电费、电话费：水费每月 10 元；电费每月 30 元；电话费每月 60 元。9. 购买农具等约计 150 元。10. 洗衣粉、油、盐、调味品等：洗衣粉等每月 10 元，油每月 5 元（补充用），盐及调味品等 80 元。

三、教育、医疗及其他支出

1. 教育支出：小女儿上半年约用 1200 元。二女儿下半年约用 1700 元。2. 医疗费：全家约计 400 元。3. 在 2000 年接待记者约 350 元。

潘叔记事簿

12月11日：下雨。上班。

12月12日：下雨。上班。

12月13日：下雨。上班。

12月14日：用广告粉写计生板报，将2000年全年计生工作的全部情况填入报表，等候省计生检查组来抽查。

12月15日：与治安队员和村干部一起，继续出计生板报，前前后后得花四五天时间。

12月16日：上午，两邻居发生纠纷，争吵甚激烈，从中开展调解工作，平息了事态，阻止其继续发展。

12月17日：继续出计生板报。下午，接镇政府通知，省"保命"田（基本农田保护）建设检查将来市里抽查，要求各村等候。红村"保命田"建设任务不算重，大多是因娶妻生子未分田所致，村委会研究后，以开荒地和果树林来弥补，全部工作已告完成。

12月18日：计生板报出好了，等候检查。

12月19日：上班。

12月20日：上班。

12月21日：省计生检查组到达东县，抽查了顺镇和柳镇。

12月22日：等候检查组。

12月23日：上班。计生抽查未抽到红村。

12 月 24 日：上班。

12 月 25 日：党员集中开会。

12 月 26 日：上班。

12 月 27 日：村干部到市灯塔果苗场取外国优质水果苗，预定 2 万株，首批拿回 9900 株。

12 月 28 日：上班。

12 月 29 日：村干部下槎城购垃圾肥做果穴基肥。当天买了七车，每立方米约需 30 元，一车装 7 立方米，全部基肥大约得 30 车。晚上，阿花从学校来电话，说 1 月 8 日放假，需路费。

12 月 30 日：一大早，市旅游部门的经理、行政干部共二十多人，又一次来到红村考察参观"潘氏围客家村"。下午，村委会开会决定，为使潘氏围客家村建设及早成为现实，只要上面定下来，村里将自行投资修建道路、停车场，并在村办公楼前修建文化广场。

12 月 31 日：上班。考虑第二天下河源去购买儿童用品。再过一个星期，阿清小孩就满月了。

第二十七章

记者说话之一：

"深入农村"的艰难

在《2000年中国的一个农民家庭》刚刊出几期的时候，曾有人说："你们的报道原来是写农民的吃喝拉撒睡的啊？"这话听起来不无戏谑的味道，但从某种意义上说，它也道出了这个报道的真义。从一开始准备进入潘叔家起，我们的目的便很明确，就是深入生活之中，从平民视角出发，记录生活事件和生活细节。其实，生活不就是吃喝拉撒睡吗？除此而外，又还有什么？农村人是这样，城市人也是这样，因此，对我来说，写吃喝拉撒睡并不是一件丢人的事，相反，我还觉得这是我作为记者的一种责任。

但是我没想到，即使写这"吃喝拉撒睡"，也并不容易。在红村潘叔家采访一年，尽管我尽了最大的努力，我仍然觉得对农村生活还很隔膜，离农民的"吃喝拉撒睡"还很远。2000年的这次采访报道，让我更加明白：人们常常挂在嘴边的"深入农村""了解群众生活""关心农民生活"，要真的做到，其实不易，"深入"下去其实艰难。

我出生于农村，是地道的农家子弟，很小的时候便在生产队里捞工分，背着太阳过山的滋味是尝过的；也曾因为背一大背篼的稻谷去送公粮大汗淋漓，而被人误以为是流泪劝慰过；也曾因为缴不出两元钱的学杂费被老师追急了而同母亲哭闹过。照此推论，我对农村、农民生活应该是熟悉的，但其实不然，姑且不说我生活在农村的时代与现在不可同日而语，即使是在当时，我体验到的不过是"皮肉之苦"，是生活的表象。我并不了解，也不懂得我的父老乡亲在艰难地度着岁月时的具体感受，他们心里在想什么，他们对未来有什么打算，他们是否在想办法来改变生活的现状。我相信，小岗村的农民冒死具名要分田单干，他们能对自己的生存处境发问并付诸行动，那么大多数农民肯定也会对生活产生一些想法。不过，他们的想法都深深地埋于心里，并不轻易说出，更不轻易与人交流。

　　时代早已变化，二十多年前，农民为生计担忧，现在却吃穿不愁了，改革确实给农民带来了许多实惠，也使农民的生活起了明显的变化，但是，这并不意味着农民的吃喝拉撒睡就不再是一个问题。农民生活中所要面对的诸如各式各样的困难、各种各样的负担以及收入不能持续增加、消费开支越来越大等，仍然是令人关注的问题。我相信，他们仍然会产生这样那样的想法，他们也仍不时会向自己的生活处境发问，并力求付诸实践，但他们的想法究竟是些什么呢？他们心里装着的东西，从客观的角度来说，是正确的呢，还是非正确的？这一切，他们似乎像守护一个秘密，并不时常向人透露。这种心理，二十年前如此，二十年后恐怕仍然如此！

　　在对潘叔一家的采访中，我时常困惑于这一类的东西，这倒不是说潘叔有意隐瞒了什么，而是我无法从我的所见所闻中十分明晰地洞察到他作为农民的某种类型的心理构成，也不能从他传达的某些信息里窥见他思想深处的隐秘。我时常感到，我们所写下的文字，它所记载的事实，都十分地表象化。

当然，我并不是说，农民的生活不能为人所理解，我们无法进入其内心世界，无法破译其思想的密码，我只是觉得这很不容易，很艰难。我想，倘若要真的从本质上理解他们的人、他们的生活，那就只能设身处地为他们着想，只能将被他们视作"他者"的我们融入他们之中，就像柳青写《创业史》一样，生活到农民中去，将自己当作他们中的一个。不过，作为农民的"他者"，这样做，势必要为之付出巨大的社会代价。这也正是我所说"深入农村的艰难"在本质上的内涵之一。

现在我们再回到社会生活的层面来讲。作为政府，其主要职责是服务于民，从这种意义上说，我们的干部特别是基层干部、乡镇干部，要想真的懂得农民，为农民办一些实事，那就需要换位思考，或者置身于农民之中，多接触农民，多熟悉农民，与他们成为知心朋友，而不能空喊"深入农村"的口号走马观花，唯其如此，我们才能更接近农村，接近农民。

记者说话之二：

报道着　感动着　快乐着

与潘叔全家照了一个合影后，我们四人都有舒了一口气的感觉，三百六十五天，甚至超过三百六十五天，不容易，像是卸下了一副担子。

四位记者中，只有我才是本土人，而且还是与潘叔同一个镇上的人，无论语言还是生活习俗，都很相通。很自然地，我与潘家六口的距离较近。尽管，潘叔作为一个农民，有着普遍的明显的性格特征，如勤恳、少言，如重面子、宗族观念强、重得失等，很多时候，他会有意或潜意识地掩饰一些哪怕是我们认为根本是很正常的事情，比如女儿出嫁但未摆宴席，但我们还是尽心尽力地做了，努力地进入潘家在 2000 年这个特殊年份里的大小事项，我们刻意地追求丰富、具体、真实，并尽量使之精彩、感人，我们知道自己没做到或没很好地做到，但我们只能请您原谅，一切都只在那过去的三百六十五天了。

作为本报总编办的一员，作为一名刚加入新闻队伍的一员，我在听到部主任罗仁忠提出《2000 年中国的一个农民家庭》的报道计划时，当然是十分赞成且义不容辞的。罗主任在提出计划时，已充分考虑到了也许是国内首创的、持续长时间定期报道一个固定对象的难度，比如采访对象是否同意，是否配合，比如反映的东西是否真实，是否符合主流，比如其他来自采访之外的压力，等等。但我们四人抱了这么一个决心：2000 年干成一件事，不管多么困难，都要坚持。庆幸，我们做到了。

报社领导的肯定和同仁的理解支持让我们倍感鼓舞和欣慰，来自读者的哪怕是批评的意见都让我们觉得弥足珍贵，让我们感动。就像最初几期里我在一则手记里写道：有你鼓励，我们前行。说句心里话，我们不觉得自己做了一件很了不起的事，但我们真的是在你们的鼓励下不断前进。

潘叔是位农民，赖姨是位农村妇女，陆婆是位老人，阿清是个农家少妇也是个打工妹，阿花是个学生，阿芳是个刚踏出校门还未找到事干的农家女。这是一个普通的家庭。关注他们，其实是在关注我们自己。

我们的家也有老人，需要我们去尽孝道尽孝心；我们的家也有父母，劳苦奔波，为求三餐一宿；我们的家也有人外出打工，夜夜加班，生产线上追求理想耗费青春；我们的家也有学生娃儿，背着书包上学堂，回到家里见到唉声叹气的爹娘。

所以，我们心甘情愿地做这件事，所谓关注"民生"。

我们很高兴地看到，在一年内，潘叔一家发生了一些令人欣喜的事情。比如阿花作为一个已在打工者行列里摸爬滚打了几年的农家女，有了再次接受现代教育的机会；潘叔虽然每年两季都要在几亩水田旱地里耕作，但他的境界与觉悟已有了显著的变化，他入党了，是位农民党员，他称吴晓丹记者为"吴小姐"或"吴记者"，而不再是"阿姨"或"老妹子"。这一年，潘家所在的红村不断地接待一批又一批镇、县、市的检查组，红村要建客家村的事情也眉目清晰了。这一年，红村所在的东县的建设也令人欣喜，新县城建设初具规模，木京水电站已动工兴建，这一切都离红村很近，离潘家很近。这一年，东县所在的地级市各项事业更是取得了可喜的成就，全年预计国内生产总值 93.99 亿元，同比增长 11.3%，农业总产值 52.59 亿元，同比增长 5.9%，工业总产值 53.17 亿元，同比增长 11.8%。这一年，奥运会上中国体育健儿展现风采，西部开发轰轰烈烈，世纪末的曙光格外温暖。这一年，韩朝五十年来首次握手，虽然地球上战火依然纷飞，但全世界热爱和平的人都站立起来为之鼓掌。

《2000 年中国的一个农民家庭》采访结束了，但我把它作为一个开始。关注弱势群体，同情并热爱他们，对我来说，是一种责任。

一种责任，必然要有一定付出。我不惜付出。

记者说话之三：

农民的生活是怎样的？

当被问及，我们大概都有一种不假思索就回答的冲动。然而可以肯定的是，问题的回答并不是我们想象中那么容易和顺利，甚至哪怕一些简单的"勾勒"，也显得困难重重。

这不是个别人的现象，而是普遍的对乡村生活认识的缺乏。有人就曾惊呼："有谁懂得农村？"

乡村社会在多大程度上受到了人们的关注呢？问题的严重在于，大多数人已从根本上忘记了农民生活才是中国人最本质的生活，尤其是更多的城里人对农民心存偏见，更使这种"忘记"在加剧扩散。我们太需要反思：城里人是与生俱来的吗？若往上推三四辈，大多数今天的城里人都是农民。遗憾的是，这些跳出"农门"的人已不再关注乡村的生活，他们已不理解父辈的辛劳，他们甚至否认自己是农民，因为在他们看来，农民是"愚昧""落后"的代名词。

农村确实是落后的，不承认这个事实简直显得可笑。改革开放多年后的今天，大多数农民已解决了温饱问题，这是一个不小的进步，但与城市相比，仍至少落后十年。乡村社会就像一只蠕动的蜗牛，随着历史的车轮缓缓前行。在它的机体内，只发生着一些微弱的不易觉察的变化，这种变化要达到"质变"，往往需要耗去几年、几十年乃至更多的时间。一个浅显的例子，农民手中的镰刀、犁耙，不是几千年前一直沿用至今的吗？所以，在这种相对稳定的社会里生活的主体——农民，不可避免地变得保守。

决策者们总在迷惑，每一项政策在农村的施行，总会遇到一些阻力，或多或少被打点折扣；基层工作者们也整日叹息农村工作难做：计生难、收公粮难……给人的印象，农民好像总在唱"对台戏"。

笔者在农村采访殡改工作时，一位农民朋友说，当地殡改工作队只一味强调实行火葬，对农民家中原来置办的棺木，则一律收缴烧毁，引起农民很大的反感。他说，应该多从政策上为农民的利益着想，就比如棺木，给予农民适当补偿，多做思想工作，农民也是愿意配合工作的。

这也就说明，农村政策的制定，需要从细节上考虑周全。乡村社会里芝麻大的一件事考虑不周，处理不当，也会变得错综复杂。这个"考虑周全"，其保证就在于对乡村社会深刻的认识和理解。

要在我们这个农民占人口大多数的农业大国实现农业现代化，对乡村社会的关注和研究就成为一项重大的课题，尤其是在当前对乡村社会的研究著述鲜少，而大多数人已从根本上忘记了农民生活才是中国人最本质的生活的情况下，这种关注显得尤为迫切和必要。

在2000年里，笔者本着"关注农民就是关注我们自己"的情感，参与了《2000年中国的一个农民家庭》长篇系列报道。用我们的笔，将农民潘叔一家一年的生产生活记录下来。这是一个大胆的尝试。我们见证了这个农民家庭一年里的欢喜、忧愁。农民的生活平淡如水，但仍有很多事让我们心灵震动，以至不吝篇幅去记录。为了好读，我们的文风力求活泼，但绝对忠于真实。

当我们与潘叔一家促膝谈心，听着他给我们讲述他家的故事，我们的情绪受到感染，或喜或悲。在农民那里，买一个消毒柜、猪儿快速生长、稻谷多收了三五斗这些芝麻大的事，都可以让他们大喜；而女儿上学、找工什么的，却让他们夜不能寐，终日劳神。我们竭力去理解，去感受他们隐藏在心灵深处的情感。

在报道中，我们着重观察了党的农村政策的执行情况及农民对政策的反应，他们赞成什么，反对什么以及理由。就比如殡葬改革、水果种植、粮食作物品种结构调整、土地使用状况等，再把我们观察的结果和思考梳理出来。这和我们报道的初衷，即透过对这个既确定又带有普遍性的农民家庭的观察，来触摸中国乡村社会的底蕴，是完全相吻合的。

当然，每一次将报道呈到读者面前，我们都有点惶恐。我们努力去做了，但也许我们做得还不够，不能让读者对乡村社会有清晰的认识。但我们也深知，要认识乡村社会，谈何容易，它的复杂正如泥土一样充满原始的神秘气息。令我们庆幸的是，在当前大多数人已忘记农民生活是中国人最本质的生活，在我们迫切需要深入地了解、认识乡村社会的情况下，我们所做的努力，至少让更多的人意识到：走近乡村，关注农民！

所以，我们也释然。

记者说话之四：

幸运的阿花

跟踪潘家采访一年，给我最大的感受是：阿花是幸运的。她在步入社会打工几年后能再次走进学堂，这确实是许多人求之不得的事。更幸运的是，她三年学杂费全免，在学校又受到老师重视，任职班上的学习委员，而且还有一个能"摆平"家中大小事宜的父亲。这个父亲还是靠工资吃饭的，暂不论其工资多少，以及治安员这一职务有多大，影响有多少，最起码阿花念书三年的上学费用是有基本的保障了。

在农村，送小孩念书真是件不容易的事。如果家中没有一两个有固定收入或有稳定经济来源的人支撑，那么很多小孩的学业便会不得已而中断。拿我自己来说，一直自认家中经济无忧，有较能干的从事建筑的父亲，但这种顺利，却只维持到我念大二。那年哥哥把腿摔断，父亲失业，家中生活一下便没了方向。贷款、负债，做生意又亏本，家中一件件事折腾得我念书毫无心思。什么考上大学的骄傲，什么将来考研的理想，一切都在经济困顿中逐渐褪色。挨到毕业，我算幸运且及时地找到了工作，有了经济来源，我的心才不再恐慌。一工作，我脑中立马闪现的念头是让念书不多的哥哥再次走进学堂，把他从弱势群体中拉出来，通过读书的途径进入主流社会，适应信息时代发展的需要。我清楚，只有这个唯一的哥哥自强起来，我才有家人支撑的踏实感觉，才有可能去想自己将来的继续深造。困难时，人真的需要帮助。我开始用自己的工资供哥哥念自费成人大学。有人笑我傻，说哪有妹妹供哥哥念书的，说嫁出的女儿是泼出的水，但谁清楚我需要找一份安全感？而我更清楚的是，读书很有可能改变一个人一生的命运。

我的哥哥是幸运的，他在社会上打工多年再次进入学堂，有着我这个当妹妹的支撑。阿花更是幸运的，她有社会的帮助，还有她父亲的支持。但比阿花，比我哥哥境遇更惨的人呢？我们希望的是，全社会共同关注和帮助他们的成长，为他们创造一个有安全感的受教育的环境。

潘叔来信：

难忘 2000 年

20 世纪已经过去，新世纪的曙光已经降临，我和全国人民一样迈进了 2001 年。在这新一年的开端，回想 2000 年，我心潮难平。2000 年是我及家人最难忘的一年，也是我人生征途上最有意义的一年。

2000 年 1 月 1 日，《2000 年中国的一个农民家庭》纪实报道组，在我家展开了采访工作。在这难忘的 2000 年的五十多个周末里，记者们不辞劳苦，不论刮风下雨，都坚持到我家串门，座谈或者跑田野调查，完成了二十七期稿件的采访任务，将我家 2000 年三百六十五天的工作、生活情况和其他大小事情一一记录并刊发在报上，把我全家融进全市乃至中国大社会的政治、经济、文化洪流中，也促进了我家庭的团结与进步。

特别令我难忘的是：二女阿花已失去学习机会两年，又一次获得机会，前往高一级学校求学，这对她而言，可说是获得了完全不同的人生机会，是她人生的转折点。于此，我要真心感谢记者们的帮助和关心。

在新世纪的第一春，我们全家对记者们深表感激和祝福。在新的一年，我将迈开更大的步伐，以新的精神面貌，用勤劳的汗水浇出更丰硕的果实。我欢迎记者们再来我家做客。同时也祝愿报纸越办越好，成为全市广大群众生活的忠实朋友。

再次祝辛勤的记者们身体健康，万事如意！

潘家近况

陆婆：今年八十有一，身体还算康健，经常串门。

潘叔：仍在村里任治安队队长，操持一家的生产、生活大小事宜。

赖姨：每天依然喂猪、放牛，料理家务，干农活，照顾陆婆起居。

阿清：已为人妻，生一儿子，暂时休产假，不久将返回工厂打工。

阿花：在广州岭南工商专修学院读书，成绩较好，现正放寒假，每天帮着做家务，串门。

阿芳：在家干家务，希望春节后与阿清一起到精电厂打工。

结束之语

　　一年，说过去就过去了。由我们策划并实施的《2000年中国的一个农民家庭》，在各方面的大力支持下，历时整整一年，现在算是按预定计划顺利地完成了报道任务。本期是这个长篇专题报道的最后一期。

　　在这一年中，我们共采写编发了组合报道二十七期，不包括本期刊发的采访体会在内，计有主稿三十篇，采访手记十篇，潘叔记事簿二十六期以及一些相关来信和相关问题的调查文字，此外还刊发了新闻组照、散照近百幅，全部篇幅在十万字以上。在开篇絮语中，我们曾经对报道提出了预期的目标，那就是如实地反映一个中国农民家庭在2000年一年中的真实生活图景，让读者了解当前的农村家庭是如何度过一年，以期透过它的日常生活的细节，触摸到当代农村社会、农民生活、农村经济发展变化的脉搏，感受到时代最基本的变迁。对照这个目标，现在我们回头审视这些图片、文字，颇令我们觉得欣慰的是，我们与我们提出的目标相距还不算太远，所写文字、所拍图片，基本上反映了潘叔一家生活的各个侧面，能够成为可靠的研究资料留存下来。

2000 年一个中国的农民家庭:
一个新闻生产社会学个案研究样本

在长达一年的采访写作过程中，我们不仅坚持每个星期去潘家一次，风雨无阻，而且我们还要求潘叔每日将一天中家人的主要活动做出较详细的记录，无论是我们，还是潘叔，其间的辛苦自不必说了。我们要说的是，我们采取了一种可以称之为介入的方法，与他们一家一起共度这一年，也就是说，我们不仅从采访者的角度对这个家庭进行观察，同时也站在潘叔的立场，同他一起，想方设法解决这个家庭面临的一些实际问题。在这一过程中，虽然我们也曾经遇到问题，受到挫折，有时甚至感到彷徨，但我们没有放弃，始终坚持了这一种态度。尽管我们无法解决它面对的所有问题，例如阿芳打工的事至今悬而未决，不过我们愿意为这个家庭出出主意，分析情况，提出一些可操作的办法，因此，随着采访的深入，我们和潘家的关系也越来越融洽，仿佛融入了这个家庭之中。比较明显的便是，潘家的三个女儿，从最早的冷淡逐渐变得热情主动起来，这就使我们报道工作的难度大大地降低了。

当然，我们的报道虽然受到了一部分读者的赞赏，但也存在着明显的不足。正如我们在开篇絮语中所预料的一样，报道整体上显得平淡了一些，甚至有时显得枯燥，尽管我们一直比较重视这一问题，但可读性依然显得不足。在开篇絮语中我们还曾说过，我们愿以费孝通先生写《江村经济》的精神，力求搞好这一报道，现在回过头来看，似乎做得也不够。首先是注意力完全集中到了潘家，特别是在后期，关于村里的事情涉及得较少，致使报道的辐射功能减弱；其次是新闻调查与社会学调查存在差异，作为报道，我们需要强调可读性，关注更多的是一些事件，因此，我们对数据的收集、使用以及行文，都缺乏社会学意义上的严谨；再次是我们受种种客观因素的限制，与这个家庭融入的过程比较缓慢，所以，一些更深层次的东西挖掘得不够，报道中表面的、浮光掠影的东西比较多。

现在，整个报道已经完成，得与失都明摆着，已无法改变，我们唯有期望，通过对这一报道经验教训的总结与探讨，来提高我们采访写作的技能，以期做好以后的采访报道工作。

最后，我们要告诉读者朋友们的是，尽管报道存在这样那样的缺憾，但它存在资料价值，所以我们还是准备搜集整理，筹集资金，交由正式出版社出版发行，以飨读者。

附　录

一、潘叔：伴随日子在喜与忧中期盼着沉浮①
——《2000年一个中国的农民家庭》报道结束七个月后的回访

回访潘叔一家，决定是临时作出的。

因为要对广州岭南教育集团贺董事长槎城扶贫助学的专题报道，需要配发阿花就读广州岭南工商专修学院一年来学习生活情况的文章，所以就不得不去红村一趟了。8月中旬的一天，是个星期日，我们坐上了去仙镇的公共汽车。那是个大热天，坐在破旧的去乡村的公共汽车内，又闷热又嘈杂，很是辛苦，不由得便想起了去年采访潘家的那些日子，真不知那时是怎么熬过来的！

正是在那会儿，我们心里生起了回访潘叔的想法。一年的时间不算太短，每个星期都必去一次，尽管有说不出的辛苦，但我们却因此与潘叔一家建立起了深厚的感情，并由此获得了意料之中的收获。大半年时间过去了，潘叔一家过得怎么样了，是否又发生了很大的变化呢？不仅我们迫切地想知道，我们想，就是那些关注过《2000年一个中国的农民家庭》报道的读者，也是很想知道的。

报道在1月中旬结束后，我们与潘叔一家的联系不多，仅通过几次电话，还都是潘叔打来，前几个电话，主要是牵挂着阿芳出路的潘叔想了解槎城精电厂是否在招工，最后一个电话则是了解报道结集出版的事。令人遗憾的是，由于种种原因，我们竟未能给他一个满意的答复。

　　到达潘叔家时，只有潘叔、陆婆以及放假回家的阿花在家，赖姨去了徐村，而阿芳则到一家工厂去打工了。还是在那幢已有百年历史、青砖到顶的老房子中，还是在那狭窄的过厅里，还是在那种随意而安然的气氛中，我们和潘叔聊了开来。瘦瘦的潘叔更加黑瘦了，但一笑起来，却又比去年显得轻松了些。潘叔说，其实没什么大的变化，一切都还是老样子。要说有变化，最大的就是他成了正式党员。

　　真的一点变化也没有？

　　那倒也不是！

阿芳进厂，潘叔心里的一块石头落了地

　　自从阿花入学以后，潘叔最大的心事就是为最小的女儿阿芳找一个打工的地方。这是因为阿花去上学，虽然不用交学费，但她打工可获得的收入没有了，却又增加了每月在校的生活费。阿花的生活费，开始潘叔每月给300元，后来增加到了350元。这么一来，潘叔的"财政"顿时就吃紧了。

　　这事有如一块悬挂在心里的石头，总也落不到地上。

　　喜讯是今年4月中旬传来的。

　　落户在仙镇工业园内的达鼎塑胶厂建成开工，因征用了红村的土地，按事先约定，达鼎给了村里一些招工的名额，衙门村民小组也分得了三名。不过，阿芳没能成为这三人之一，她被临时性地招收做了包装工。阿芳做了一个多月后，厂里见她年轻，也有一些文化，便破例将她招进厂里。现在，阿芳看管着一台机器。

阿芳上班是三班倒，虽说辛苦了些，但收入不算少，加起来，大约也有 500 元，这倒比她大姐阿清还稍稍多点。阿清生孩子后，仍然在槎城精电厂打工，不知道为什么，今年以来厂里开工不正常，每月算下来大约只能拿到 400 元。

阿芳的工资大多交给了潘叔，每月自己只留一些零花钱。潘叔说，一个女孩子，总得买些自己用的东西，不留一点钱在手里哪行!

潘叔拿到阿芳交给他的钱，正好可以给阿花寄去做生活费。潘叔说，这刚好给他减轻了经济上的压力。

对阿芳，潘叔显得满意，但他仍有些担心，因为阿芳在夜里下班，常常要一个人走着回家。从厂里到家里，路还有一公里多长。

买了地皮，潘叔距新房的梦又近了一步

潘叔想建新房，很早就想，但一直不具备条件。对他来说，积累起建新房的六七万元钱，实在是不太容易。

出人意料的是，潘叔最近竟然买了一块地皮。地皮总共 80 平方米，位于仙镇政府附近 205 国道的右侧。地皮原是别人买下的，现在转让给潘叔，价钱是 8000 多元。

潘叔家现在平时里多少显得有些冷清，阿花上学，阿芳上班，家里只剩潘叔两口和老母亲，只有阿清回家时，那老屋里才显得有些拥挤。阿清每月里总要回家一次，她，还有丈夫、儿子，由于儿子不足周岁，所以儿子的阿婆也会一起来。阿清一回家，老房里拥挤而热闹。

即使如此，潘叔还是想修新房。他的打算是，修一楼一底，没有足够的钱，先买了地皮再说。

潘叔下决心买地皮，是因为他手里意外地掌握了一笔钱。

说意外其实也不算意外。去年冬天时，镇里引进的一个外资项目征地，恰好潘叔的 2 亩多地也在内，这样，潘叔便拿到了补偿款，差不多 2 万元。征地早在去年冬就进行了，那些地也没有冬种，只不过是补偿没拿到手罢了。潘叔说，责任田只剩下了 2 亩多，不过，因为还租种别人的 4 亩多地，吃粮没一点问题。

这些钱当然不够用来修新房，但是买了地皮也还剩下了些，加上原有积蓄，潘叔手头的钱离建房所需已并不遥远了。潘叔距新房的路又缩短了一大步。

陶瓷项目落户，潘叔欣喜地看到了发展的前景

一个地方的命运，往往也是这地方所有农户的命运。所以，虽然潘叔并不算是决定村子发展命运的村干部，但他对红村甚至仙镇的社会经济的发展表现出异乎寻常的关心。去年冬，当拟议中的潘氏围客家村在进行论证时，潘叔为此忙前忙后的表现便是如此。

潘氏围客家村[②]最终没有建成，这使潘叔多少有些失望。但没过多久，潘叔又一次感到了振奋：县里与佛山一家公司合办的大型陶瓷项目——陶瓷城动工了。

现在，在陶瓷城工地上，每天都有推土机、挖掘机在轰鸣。陶瓷城总投资 6000 万美元，占地 1000 亩，开工后，工人可能达到 6000 人。尽管潘叔对陶瓷城的情况并不十分清楚，但他仍津津乐道，因为这与他的生活相关。这不是说，所占的 1000 亩土地中有 2 亩地曾归他耕耘，而是这么多人一来，必然会带动当地各个方面的发展。自然，这对他家也绝对是有好处的。

潘叔的振奋真实可感。他说，等陶瓷城建起来，这边说不定比木京（东县新县城）那边还热闹呢！

潘叔真心地盼望着那一天能早早到来。

注：

①本文与报社同仁谢雨合作完成。

②这个典型的客家围屋所在地，最终于几年后被开发为旅游景区，名为南园新村，与当初的构想基本相当。

二、关于农村农业农民的思考

1. 在粮食成为负担的背后

在《2000 年中国的一个农民家庭》的一篇采访手记中，我曾经提出了一个看法：粮食多了，会成为农民的一种负担。乍听起来，似乎是故作惊人之语，但潘叔家的情况确实是如此，他每一年在晚造稻谷入仓之前，必须得把上一年的陈谷加工后卖出去，即使价格较低也是如此，要不然，年年累积，他便难以找到存放稻谷的地方了。

粮食多而成为农民家庭的一种负担，不独我们这里才是这样，全国各地的产粮区，例如湖南①、河南②等均是如此。除极个别的农民外，大多数的农户每年生产出的粮食，除自用以外，差不多有一半成为余粮。在这部分余粮中，国家能收购的仅为一小部分，其余部分则要靠农户自寻出路。由于粮食市场早已从卖方市场转向买方市场，因此，农户余粮变现的途径便显得异常艰难，要么是难找到买主，要么就在价格上吃了大亏，从而使劳动力事实上贬了值。

从宏观层面来看，粮食多起来是必然的，至少有三个方面的因素促成了它的形成：其一是改革开放后，生产承包责任制提高了农民生产的自觉性，加上科学技术在农村的广泛推广、应用，使亩产大幅度得到了提高，总产量由此连年增加；其二，由于农村生活水平不断提高，农户的饮食结构已经有了很大改善，就像人们所说："20 世纪 60 年代，守着一碗青菜汤，你可能要吃下三碗白米饭。现在生活水平提高了，平常的日子，餐桌上都有蛋有肉，高兴了再喝上杯啤酒，米饭吃得就少了。"③也就是说，生活水平的提高减少了粮食的消耗量；其三，随着与国际市场逐渐接轨，国外的优质粮食进入了国内市场，比如在槎城市场上，我们很轻易地就能买到泰国产丝苗米，粮食的消耗量总的趋势是波动不大，消耗不变而又增加了粮食的来源，粮食市场中的存量自然便增大了。

而从微观层面上来说，粮食多起来是由种植面积相对过大直接带来的，这里包含着两层意思：一是就总体种植面积来说，一是就农户个体种植面积而言。由于涉及国家的粮食安全，在十五届五中全会以前，中央一直强调的是要保证粮食种植面积，而为了保护农民的利益，稳定粮价，中央则采取了财政掏钱补贴粮食收购，每年都要拿出几百个亿来。不过，长期这样做，财政难免吃不消。正是在这样的一个背景下，中央才提出要调整农业产业结构，适当调减粮食种植面积。至于农户个体的粮食种植面积相对较大，这也是明摆的，比如潘叔家就有 9 亩水田，同自然村的阮叔家则有 6 亩，我在顺镇参加"千干扶千户"支持的一个贫困户，更种了 10 多亩水田。为什么他们会有这么多的田来种？我将在另一篇文章中叙述，这里不再做出说明。

现在我们接着来说粮食问题。中央提出适当调减粮食种植面积，这里包含了一个前提，即以科技为手段，在调减面积的同时，还要使粮食总产量保持在相应的水平上。中央的目的，是通过农业产业结构调整，促进农民收入增加，拉动农村消耗增大，确保国民经济持续增长，这里，政策的落脚点是农民增收。然而，具体到农户个体来说，他们的考虑不会这么周全，也不会如此深入。农民总是从最直接的利益上着眼来组织生产，因之，在粮食成为负担的情况下，削减粮食生产就成为他们最直接的手段，而削减粮食生产也就是减少粮食的种植面积。由于在产业结构调整上大多数农民尚无从着手，它带来的直接后果便是土地抛荒。

　　一般说来，粮食的转化变现无非是这么几种途径：一是自用，这等于减少农民家庭的支出；一是进入市场，这能够增加收入；一是用作饲料，喂鸡、喂猪等，这也可以增加收入，此三种途径，正是当前农户们常常采用的，但正如我们看见的那样，这三种途径对农民增收的作用是有限的，并不足以遏止农民减少粮食生产的势头。这里势必就产生了一种矛盾，国家粮食安全必须保障，粮食的总产量必须保持相应水平，也就是调减种植面积是有最低限度的，但农民是个体生产者，而且拥有自主经营权，他们完全是从自身利益出发来实行生产的，虽然调减面积是一致的，但他们并没有度的限制。

　　在国家和农民对于粮食生产认识的差异这一空档间，我们认为，这正是各级政府需要着力之处。换句话说，政府特别是基层政府，必须将这个度实现，即既要调减面积，但又要确保不损害国家的粮食安全。如果单从粮食的角度而言，各级政府工作中，抓好粮食转化变现的第四个途径的工作似应成为题中之义，也就是抓好粮食的加工，延长粮食生产的链条，促使粮食价值最大化的实现。如果真正地做好了这项工作，那么国家和农民两者的利益均能从中得到保证。农民对粮食生产的积极性不会再受打击，自然也就不大可能无限度地削减粮食生产了，而国家对粮食生产所要求的度也就完全可能得以实现。

注：

①参见《人民日报》2000 年 12 月 5 日二版相关报道

②参见曹锦清著《黄河边的中国》相关调查。

③参加《中国青年报》王东京的相关文章。

2. 土地为何闲置？

在农村采访的时间长了，我注意到这么一个现象：大多数的农民家庭都种着相对较多的土地。在上一篇文章中，我曾举例说明，而且我还将其视作农户个体粮食多起来的一个直接原因。这一现象，初看令人多少有些困惑，但仔细一想，却也很容易就明白。

就整体而言，我国是一个人多地少的国家，耕地极其缺乏。有资料表明，1999 年全国的人均耕地面积仅为 1.54 亩，不足世界平均水平的 43%，而全国 2800 多个县区中，有 666 个低于联合国粮农组织确定的人均耕地 0.8 亩的警戒线。①除少数地区，如东北、西北的新疆以外，很少有人均耕地可达 2 亩以上者，我市各县区也不例外，人均耕地面积仅比 0.8 亩的警戒线多出一点点。这并非空口说白话，去年早些时候，因为采访农村土葬用地问题，我曾就此向国土部门了解过，我市耕地面积 20 世纪 90 年代初中期呈递减趋势，直到前两年才有所恢复，但人均耕地面积不过 1 亩多点。我手头有一份红村徛门自然村粮食任务到户表，从分田人口到分田面积两栏中，我们可以看出徛门自然村人均耕地的情况，分田总人口为 115 人，而分田的总面积不过 92.73 亩，从各户的情况看，在册的 42 户，没有一户的人均耕地可达 1 亩，最多的才达 0.8 亩。可以说，可利用的耕地资源极少，也是我市存在的现实。

那么，农户现正耕着的相对多的土地又是从哪里来的？用潘叔的话来说，是租种别人的地。其实，这话并不准确，严格说来是代种，如果是土地使用权和经营权的出租，租种者必然要付出租金，从现实的情况看，代种者只是代为交售公粮，并未在此之外付给租金。代种还说明了一个特别的事实，即土地使用权和经营权在其持有者眼中，价格并不高，因而他会轻而易举地放弃，让人代理。出让与代理间，并不是一种经济关系，说穿了是建立在乡情乡谊上的。代种者获得一块土地耕种，同时又免除了土地使用权持有者因承包违约而将受到的处罚，这是各得其所的事。按土地承包合同规定，承包了地不种，政府给予违约方经济上的处罚是合理的，所以他的土地需要人种着，但如果是出租使用权和经营权，势必就难以找到愿意代种的人，势必会在经济上受到双重的损失。由于改革开放后，城市经济迅速发展，需要的劳动力越来越多，由于比较效益的影响，农村中的劳动力特别是青壮劳动力，越来越多地流向城市，选择打工挣钱，甚至举家外出，这样，农村富裕土地就相对多了起来，潘叔及其类似农户手中的土地就是这样相对集中起来的。按上文提到的粮食任务到户表上分地人口和分田面积看，潘家6口人，分地4.9亩，人均耕地刚在警戒线上。

但是请人代种并非没有限度，土地使用权和经营权价格不高，持有者看得到，而代种者同样也能看到，因此代种者同意代种是建立在乡情关系上的，他不可能无限度地代种。这样一来，必然就有一部分土地缺少代种者，因而必然地要被闲置，甚至长期抛荒，土地闲置的根本原因就在这里。

在此，我对土地闲置和抛荒做了一个区别，我以为抛荒是指破坏严重、复垦已十分困难的那一部分，闲置是指能轻易复垦或季节性休耕的那一部分。之所以进行这样的区分，实在是因为抛荒是个敏感问题，对乡镇一级干部而言，他们于此负有政治上的责任，因此，一提到这样的问题，他们总会三缄其口。从我市的情况来看，抛荒的土地有没有我不敢说，但闲置和季节性休耕的情况是存在的，在《2000年中国的一个农民家庭》中，季节性休耕在红村衙门自然村的存在状况我们已有涉列，而土地闲置的情况，只要我们沿京九铁路一线看看，便可以明白一个大概。其实，这并非我市才独有的，而是全国性的，对这样一个普遍性的问题，我认为最正确的态度不是遮蔽，而是要去认真研究解决。

上面的话题离得稍远了点，现在我们回到正题上来。关于土地闲置的原因，我们已有所分析，但还不是十分透彻。有人说，土地闲置是因为劳动力转移后，农村劳动力不足所致，最初我也这么认为，但深入分析后，我觉得这话只有一定的道理，它只能解释季节性休耕问题。从一个农民家庭的角度看，青壮劳动力外出，在家的大多不是主要劳动力，如果耕作的地相对多，限于农时与人力明显不足，他必然选择只耕种一部分，但既然有人留守在土地上，一点不种也是不可能的。不过，举家外出或留守的人已丧失劳动力的情况就不同，他可能选择全年闲置或更长时间的置闲。个中原因，或许正如许多人都看到的那样，土地的吸引力不够，用农民的话来说，是土里刨食，除落了点口粮，什么赚头也没有。

农户的话并非危言耸听，有许多人都到农户家算过细账，尽管各地情况不尽相同，但得到的结果却大概一致。据《人民日报》记者周立耘到湖南一农户家测算，该户种有 7.7 亩稻田，总产量达4500 公斤，但除税收、口粮外，投入产出相抵，总共只有 100 元赚头。②又据学者曹锦清到河南多户农户中测算，1 亩地的毛收入最高者总共才 800 来元，如除掉用工，所剩亦无几。③本地的情况又如何呢？我们还以潘叔家为例来看看，去年早造水稻，潘家一亩地投入 203 元，用工 10 个，平均亩产 700 斤，卖价 280 元，两相抵扣仅剩 50 元，一个工值不过 5 元。然而，如请一个工，每日需 20 元，也就是说，他要全请工人，每个工得倒贴 15 元。你说他这田种得是亏还是盈？

种一年田的收入不及外出打工一个月，这种利益的驱动是农民外出打工的原动力，也是土地闲置的最直接的原因。可以这样说，在粮食成为负担的背后是家庭土地种植面积的相对过多，而在土地闲置的背后，则是仅仅种地无法带动农民增收。农民与土地的关系不是更加紧密，而是正在疏远，这是各级政府都必须认真加以研究的一个迫切的问题。

注释：

①参见《法制日报》2000 年 11 月 8 日经济观察相关文章。
②参见《人民日报》2000 年 12 月 5 日相关报道。
③参见曹锦清著《黄河边的中国》相关章节。

3. 土地如何流转？

土地是必须要流转的，否则积累起来的问题将会越来越多，也会越来越复杂。

问题是如何流转才是合理的。

去年初，为了解我市农业为我国加入 WTO（世界贸易组织）所做的准备工作, 我曾就土地流转问题求教于市农委负责人, 他的回答是中央关于土地流转的机制是有的, 我市也在执行着。土地流转机制的存在与现实之间的差距说明, 目前各地包括我市在内, 在这一工作上步伐还是显得慢了, 而且手段、方式都还不太灵活, 我们当前需要的, 是必须及早加快工作步伐, 加大工作的力度。

我以为, 土地流转问题包含着两个层面, 一是微观层面, 一是宏观层面。下面我们就来分别讨论一下。

在微观层面上, 土地的流转即是村集体对农户所承包的土地进行合理调整, 也就是依据新的情况, 确保现存人口人人有田耕, 但需要说明的是, 它不是重新发包土地, 而是根据人口的增减, 对余缺土地进行调剂。

这种调整, 是合乎农村体制改革初期中央关于土地承包责任制的有关规定的, 在一定的时限中, 例如五年, 对土地进行调整也有利于农民从事农业生产。然而现实中存在于调整中的具体困难又如何处理呢? 有人认为, 这样的一些办法是可以行得通的: 第一, 在常规调整完成后, 若村集体仍掌握着富裕耕地, 那么可以转包给劳动力富裕户耕种, 但是承包期限不宜过长, 这一方式, 既可部分解决土地过于分散的问题, 同时也可借以形成种粮大户, 构成相对规模经营。第二, 也可以由村集体统一经营或向外转包, 由此壮大集体经济收入, 解决村公益事业投入不足等问题。第三, 对自然条件较差的土地, 例如望天田、边远山坑田或易涝田, 可以由集体收回进行农业综合开发, 改造为经济林基地或开辟为鱼塘, 由集体统一经营或向外发包。[①]

在常规调整中, 村集体应注意承包土地过于分散的问题, 应采取协商办法, 力求将富裕土地通过调换尽量连片集中, 并对自然条件较差的进行整理，为统一经营或招标承包、对外发包创造条件。此外，对故意抛荒，特别是破坏土地资源或非正常降低生产能力的，村集体应根据中央或各地的相关规定，对承包者一方做出适当的经济处罚。

然而，常规的土地调整是有局限的，正如我们所看到的那样，由于它是以村庄为基础的小环境中的土地流转，所以其总的流转趋向是分散而不是集中连片，它并不适应现代农业发展对规模化、集约化和产业化的要求；同时，如将种植业特别是粮食生产比较效益低等因素也考虑在内，那么，我们还可以看到，小环境中常规土地流转仍难以从根本上解决土地闲置问题。要解决这一问题，还得回到宏观层面上来。

众所周知，我国的土地产权是虚化的，也就是说，农村中的土地归农民集体所有，由村集体经济组织或是村民委员会经营、管理，对土地，农民没有所有权而只拥有承包土地的使用权和经营权。理论界有一种观点据此认为，如此一来，土地作为重要的资源就不能正常流转，更难以实现市场化，进而影响土地资源配置的效率。因此，我们应从稳定农村大局出发，为适应市场经济的需要，对农民的土地使用权加以法律化、固定化和长期化，以利宏观层面上土地的流转。②作为一种理论观点，其可操作性或许并不完全具备，但它却为我们解决面临的问题拓宽了思路。

从宏观层面上来说，我觉得以下的几种方式或许是值得一试的：第一，转包，也就是拥有土地使用权的承包者将土地使用权以一定的承包基数承包给别人或企业；第二，出租，就是承包者以收取租金方式将土地使用权租借给别人或企业；第三，入股，即将土地使用权折算为资本金，投入到公司或合伙者开办的企业中，以分红利的方式获取回报；第四，转让，即将土地使用权一次性地出卖给别人或企业。③这四种土地流转方式为何值得尝试呢？原因在于它们能加快土地流转的速度，使土地资源配置的市场化特征更为明显。也就是说，在这种情况下，都包含着一个前提，即土地流转是以为了集中并能形成相对规模为目的的，如果依旧是按微观层面上的调整来流转，那么无论是土地流转对象还是土地承包者，都不会有很大的热情。土地承包者无法将土地脱手，而土地流转对象获得没有相对规模的土地，则无法实现其规模效益。

有一点需要特别说明的是，现在中央规定延长承包期三十年，那么至少在这三十年中，土地承包者是拥有土地使用权的，而这土地使用权应该可以作为无形资产，折算为资金而构成承包者的资本，在市场上流通，这即使在土地使用权未法律化以前，也是符合中央就此制定的政策精神的。而也只有在宏观层面上能进行流转时，鼓励基层干部、种田能手、科技人员或农业企业参与多样化的土地流转才是可能的。

关于土地流转问题，社会学家曹锦清还提出了一个有趣的观点：以土地使用权换取城镇户口。④改革开放已经二十多年，从改革之初起，农村剩余劳动力便不断向城市转移，其中的一部分早已在城市中立住了脚，成了事实上的城市人，如果他们还是被叫作农民的话，那也只是在他们仍然与土地有着联系的意义上，因此，以他们的土地使用权交换城市户口应该说是可行的。不过，农村劳动力向城市的转移是跨省市、跨地区的，这便使交换变得麻烦，对不同地区而言，农民的土地使用权交回给了村里而不是城市，那么城市又凭什么无偿地给他一个户口？所以在国家制定出相应的政策前，这种交换只能是农户向村里卖出土地使用权，而后向城市缴纳入城费而获

得户口，如此一来，这种交换便变得异常困难，但也不是一点可能
也没有。我以为，我们在建设中心镇，推进城市化的过程中，以这
种方式来进行土地流转，便可以避免上述提到的麻烦，从而使土地
流转方便，且解决了部分农村劳动力转移的问题。

注释：

①参见《法制日报·经济观察》2000 年 11 月 8 日相关文章。
②参见《经济日报》2000 年 11 月 27 日第六版相关文章。
③参见①②所列相关文章。
④参见曹锦清《黄河边的中国》有关章节。

4. 农业结构怎么调整？

我曾经听到过一个说法，说我市的农业结构调整差不多就快完
成了。或许这种说法有其自身的依据，但我却不能赞同。如果说我
市在农业结构调整上已经做了不少工作，那是符合实际的，但说农
业结构调整就要大功告成而不用再费心劳神，那就值得商榷了。

关于农业结构调整的说法，并不是现在才有的，工作也不是现
在才开始做的。农业结构调整之所以在当前成为上上下下谈论、关
注的一个焦点，主要的原因是中央对此高度重视，从 1999 年始，农
业结构调整逐渐成了各级政府的中心工作之一。其实，农业结构调
整工作，各级政府一直都在努力地做着。就拿我市的情况来说吧，
我们推广杂优稻，这是一种结构调整，我们新发展水果 100 万亩，
"在山上再造一个樵城"，这也是一种结构调整；我们种植反季节蔬
菜，办基地，去年冬又大力发展种竹，这还是一种结构调整。客观

地说，对于农业结构调整的重要性，我市上上下下都有着深刻的认识，并积极行动着。经过多年的努力，我市的农业结构也正在逐渐得到改善，更趋向于合理，但这并不意味着，它已经能适应我市农业现代化发展的需要了。

对农业结构调整，不同的人或许有不同的认识。我以为，当我们讨论农业结构调整时，它至少应该包括这么几层意思：一是品种结构调整，即作物内部结构的调整。例如水稻种植，我市目前种植的水稻大路货比较多，所以我们要大力推广杂优稻种植，提高水稻的单产和品质；又如我市种植了大量的三华李、奈李，但因为也都是大路货，所以在达到一定量我们再种果时，就需考虑是否要改种品质更好的李，比如美国李等。二是产品结构调整，即粮食作物与经济作物的结构调整。我市是一个山区农业市，而且就目前的实际情况而言，我们的粮食生产仍然是大头，瓜果、蔬菜、油类等经济作物所占比重都很小，这使得农户的农业收入大部分仍然来自粮食生产，增收比较困难，因此，我们这才不遗余力引导农户利用山地资源种果，同时又建立了为数不少的蔬菜基地。三是种植业和养殖业结构的调整。总体说来，我市的养殖业还是比较落后的，除了养鱼之外，包括养猪在内，产品都还不能完全满足本地市场的需要。直到目前为止，我市的养殖业仍然未形成"大气候"，规模小，数量少，养殖大户和专业户也为数不多，这便是我们大力开展生猪品改工作，建立龙头企业，以期带动农户发展养猪项目的一个重要原因。四是农村产业结构调整，也就是农村经济中第一产业、第二产业、第三产业间的结构调整。毋庸置疑，这种种的结构调整，都处于动态之中，难以靠"一日之功"完成。

讨论农业结构调整问题，有几个情况是需要我们做出深入分析的，这些情况未明晰前，我们既不能彻底认识农业结构调整之难，也无法准确地把握结构调整的实质，更别提拿出可行且有效的具体办法来。

我们首先必须清楚的是，农业结构调整面临四个不同的层级，而层级不同，进行结构调整的主体便不同。不同的主体，事实上决定了进行调整的动力。从上面的分析我们可以清楚地看到，在品种结构调整上，调整的主体是一户一户的农户，他们的动力来自增加收入，当品种结构调整不能增加收入或者增加的收入明显不多时，农户进行结构调整的积极性势必会受挫。在产品结构调整上，调整的主体最低一级应当是村，这是因为在实行土地承包责任制的情况下，土地实际掌握在农户手中，但每户手中的土地毕竟有限，对他们而言，进行产品结构调整并无实际意义，但村民委员会要想动员各户农民参与产品结构调整，让这家种粮食作物，那家种经济作物，那种说服工作其实很难，村民委员会既不能保证村民增收，也不能保证说服有效，所以他们缺乏动力也不难理解。从种植业和养殖业结构调整看，能成为调整主体的最低一级也要到镇政府，道理与村作为产品结构调整主体是一样的，而且他们面临的处境也非常相似。同时，我们还要看到，镇作为调整主体遭遇到的困难还要大得多，一是建立龙头企业并不容易，二是寻找投资极为困难，三是带动农民发展项目必须得到增收的保障。有此三难，镇进行种植业和养殖业结构调整的动力不免要大打折扣。在农村产业结构调整上，调整的主体最低一级应是县政府，这里的道理在于，产业结构调整的目的是实行产业化发展，而产业化的前提是规模，规模才出效益。而以镇政府为主体进行产业调整，其手中的资源就显得不够。只有县一级政府手中，才拥有足够的土地、资金以及行政资源，才能支撑农业、工业和服务业产业化发展的要求。

回到农民增收这个立场上来看,另一个重要的问题也需要详加思考。简单地算一算账,其实我们就能清楚地看到,品种结构调整、产品结构调整虽然也可以优化农民的收入结构,但绝对数字并不大。以增收幅度而言,种植业和养殖业结构调整和农村产业结构调整可能带给农民的实惠更多,这是因为农民可以用地入股分红,也可以进企业打工,同时结构调整还促进了农村劳动力结构的优化,推动过剩的劳动力向外流动。

所以,立足于农民增收来看农业结构调整,我们就能深刻地认识到我们应该把着力点、工作的重心放在哪里。很显然,种植业和养殖业结构调整和农村产业结构调整是基础,而农村产业结构调整则是我们工作的重点之所在,同时这也是县域经济发展壮大的必由之路。

三、河源市最边远的四个村庄^①

在地图上，我市位于东经 114°13′~115 度 35′和北纬 23°10′~24°50′之间，北回归线横经南部，东西与南北相距 100~160 公里，南北温差 3℃，全年无霜期南部比北部少 12 天（333 天至 345 天不等）。

由于地理位置、地形、气候和相邻地区等环境因素的不同，我市东西南北各地在生产、生活习俗和风物、语言习惯等方面，都存在着一定的差异。

为帮助广大读者了解这些"异同"，我们在这里介绍一下我市最偏东、南、西、北的四个自然村庄。

1. 枇杷花开鹿子坑

元末明初，沈氏迁入夏田村鹿子坑，至目前有二十二户九十六人，是全镇唯一沈姓人家聚集地。

鹿子坑西与翁源县南浦镇相邻，属连平县陂头镇管辖，是河源市最西边的自然村。

依山居坡绿树掩映

鹿子坑北倚燕岩龙山，东、西、南三面小山包围，耕作以旱坡斜地为主，旱地人均 5 亩，水田 0.7 亩，全村有鱼塘 6 口，约 4 亩水面。

鹿子坑的土质与行政村里其他自然村相比，稍微瘦些。但村里人懂得因地制宜，历来植树种果不辍，特别是在实行家庭联产承包责任制以后，村民们更有积极性，全村户户种果，眼下有 20 多亩果树，品种有枇杷、李、栗、桃等。村民们同时还在果林里养鸡，这里的山地鸡，均供给圩上的酒楼饭店。1997 年，时任组长的沈知省与谢永平合作，开垦山边地种下药材佛手 10 亩，去年开始挂果。这是该村最富前景的生产项目。

多种经营，生活中等

鹿子坑离圩镇 5 公里，村民生活属于中等水平。

沈知省家有五口人，除合伙管理着 10 亩佛手园外，还有枇杷等果树几十株，鱼塘 1 亩，养猪 3 头，养鸡每批几十只，是村中最有希望成为首富的一户。沈知省 1991 年入党，是村里唯一的党员。

沈振明用摩托车替人推销米粉，每天能挣一二十元。

张仲强、张仲辉（父亲入赘，遂随了父姓）兄弟俩耕田种果树，冬闲时加工米粉，还有一个弟弟外出打工。

村上有几十名青年男女外出务工。

全村拥有电视机十六部，能收看广东卫视和翁源电视台两个台的节目。

最富和最穷的家庭

最富裕的家庭——就鹿子坑而言，最富裕的家庭要数沈知福、沈佛养、沈知炎三户。沈知福当过兵，有工资，儿女已长大，没有供孩子上学的负担，儿子修摩托，女儿外出做工，家中种果养母猪，前些年在圩镇购置了一间门店。

沈佛养家种的果树最多，其父沈其纯 80 多岁，是村中最长者，儿子沈知平开出租车，一家四世同堂。

沈知炎家人口最多，十口人，三个儿子，两个在圩镇开店修电器，一个帮人卖摩托，收入不错。他当过村民小组长，现在家种果养猪。

最穷的是沈春权，31 岁，夫妻俩文化都不高。早些年，沈春权到本县内莞镇做了上门女婿，去年撬了门锥回来（当地称男到女家后，半途又携妻拖儿带女返回男家的为"撬门锥"），一切从头开始。他耕种水稻 10 亩，闲时每天磨豆腐 2.75 公斤，做成一架，挑着行走三五个村庄叫卖，来回五六公里，能挣 5 元（包括成本）。如今，他发奋种果树，想要改变现状过上好日子。

人口结构

除沈知福外，沈知毛也当过兵。因此，村中有两位复退军人。

沈知志的长子沈伯卫于 1999 年冬入伍，现服役于福建省连江县，是村里唯一的现役军人。

沈巧花中师毕业后在陂头中学教书，是村中学历最高的一个。

沈佛养年轻时在贵东镇的贵塘、大华教过书。

目前，村里只有一人在读高中。

燕岩——村人的骄傲

鹿子坑并不出名，但村后有一个名胜——燕岩，在当地，燕岩的名声很是响亮。

燕岩是一个天然溶洞，冬暖夏凉。岩洞口建有一座塔，塔前有座佛庙。据说，古时这里空前热闹，住有众多僧侣，土改时仍有尼姑居住。还有一种传说，说是韶关的南华寺是从这儿迁去的，里面有石刻的十二姐妹像，有一座高大的佛，佛身里面是空的，装的全是书本。可惜这些东西已遭毁坏。

前些年，有好事者重塑了十二姐妹像，后又修复了大佛，逢年过节或农历三、六、九，连（平）翁（源）两县的善男信女或游客就会前来进香，或参观游览。

历史事件

现年 73 岁的沈求天藏有一份用冬装纸刻印的法院判决书。

判决书云，相邻的翁源县虎头石谢作志、谢纯标等七人，因水陂被洪水冲毁，便跑到鹿子坑的山上砍伐松树数百株，约一两万公斤以筑陂，鹿子坑的精英沈思泮、沈有勋、沈其锡、沈有同从维护村民权益出发，借钱请律师向连平县地方法院起诉，要求确认其山场所有权及赔偿损害。民国二十六年（1937 年）4 月 6 日判决书送达，判决山场归鹿子坑所有，并要求被告赔偿给原告（鹿子坑）树价毫券 40 元（折合四十担稻谷）。

沈求天说，据其父称，这场官司打得好辛苦。

1953 年 5 月 14 日傍晚，为响应夏田村团支部的号召，与妻子一起和十多名共青团员来到鹿子坑耕种 7 亩水稻以做团费的陈可北，在围剿一头老虎时被虎所伤，造成破相，妻子离他而去。据现年 71 岁的陈可北称，当时参与打虎的还有谢东成、谢中垂、谢垂新、谢观禄。

文化·婚嫁

以往，人手较少的鹿子坑青年与本村的博下廖姓、谢姓的村民联手，组织了一个文艺队和一个舞狮班，每逢年节便表演热闹一番。

鹿子坑的妇女有从本镇、本村嫁来的，但以翁源县来的为多；而姑娘家多嫁本镇，少数远嫁广州、顺德。

典故

"鹿子坑人和径口"是陂头村庄的人们口口相传的一句典故，意思是说："你总是维护着他。"

据沈求天介绍，清末民国初年，鹿子坑人上圩镇遭"强房人"勒索，此人便叫来相邻的几个径口村庄的后生，联合起来将那人轰走。那人说，径口人帮着鹿子坑人。"鹿子坑人和径口"便由此传诵下来。

村民的祈盼

据说，鹿子坑曾出过一个县官，在高州任职。

现在的鹿子坑人以耕田种果为生，只盼着五谷丰登，六畜兴旺，生活奔小康。

鹿子坑村后有一口山塘，一直灌溉着鹿子坑、径口、博下、榕树堂四个村庄的二三百亩农田。1988 年，村里把山塘承包给人养鱼，遇干旱天气，承包者不愿放水灌溉农田，便会出现受旱情况。

小村通往村委会的路依然是羊肠小道，通不了机动车，村民运送农产品和外人来参观游览燕岩都不方便。村民盼望上级支持修通这一公里的村道。

供电变压器离村庄两公里多，电压极低；电缆未拉到村边，村民想装电话与外界联系而不能;电视闭路线没有延伸到村,村民可看的节目极少。

年节

鹿子坑人每年要欢度的节日与所在村、镇其他村民没有多大差异。

从年头到岁尾,他们几乎每个月都有"节"。正月有春节、正月半(元宵节),二月是二月沙(二月初二)、惊蛰,五月是五月节(端阳节),六月尝新,七月有七月半(又称七月十四),八月是中秋节(也称八月半或八月十五),十月过十二或十一,十二月是元旦(也称过新历年)。

按照传统习俗,每个节日制作的饭菜都不相同。春节最丰盛,人们忙碌一年,就是为了这几天;正月十五称"开大正",这天吃完过年留下的菜,再买些新鲜的大吃一餐就下田开耕了(有句谚语称:望冬莫望年,年过就下田);二月节做艾糍,过惊蛰,是从盐缸里取出过年杀鸡时腌下的鸡爪与雪豆仁一起煲粥吃;五月节早餐染红蛋;七月半裹粽子;八月十五做月饼,放"天灯"。

以前,农家贫穷,耕种的粮食多被地主剥削去,不够食用,每年难挨三、四月,故有"三荒四月"之说,因而,这两月没有传下一个节日来。待到了五月下旬六月初,早稻初收,农民就迫不及待地煮一餐白米饭加加菜,或浸米磨粉煎枓子糍,叫尝新。到十月十二,秋收结束,人们庆祝一年的丰收,也要加荤欢庆一番。

近十年来,随着农民生活水平的提高和外出务工人员的增多,节日里传统的饮食和热闹气氛已日见淡化。如今,鹿子坑一年从头到尾较热闹喜庆的节日除春节外,仅有端午节、七月半和中秋节。

2. 革命老区鸡板坑

卷蓬村位于紫金县上义镇南端，其第一个村庄——田心自然村是全市最南边的一个小村庄，离上义圩 11 公里。

然而，田心村并不出名，它最南边的一个村民居住点——鸡板坑却声名远播。

人们之所以知晓鸡板坑，是因为这里曾是东江纵队某指挥部驻地。

游击根据地·卫生包扎所

1945 年 11 月，东江纵队抽调一支有一千多人的部队由高健、黄高扬率领，从惠阳白芒花向东挺进紫（金）惠（东）交界的卷蓬村古田山岭开展游击战争。他们组成惠紫五指挥部（代号"热河"）展开宣传，发展力量。

游击队在古田岭开荒种田，建起了东江的小"南泥湾"，生产粮食，解决部分供给；举办青年干部训练班，培养和吸收民运骨干、青年干部；在卷蓬大书房的凤培书院办起地雷兵工厂，在大光村上新屋、上义圩关帝庙办起军械修理组。高健、黄高扬、高固等住在了鸡板坑，并在鸡板坑建起宣传站、联络站和卫生包扎所。1946 年 3 月 11 日晚，由胡施、古梅修介绍，上义青年赵伟庭、钟声、温平、杨振文、温绍忠、温潭育等六人，在鸡板坑后山的杉林中宣誓加入了中国共产党。同月，指挥部在古田召开干部会议，确定了"坚持长期斗争，夺取最后胜利"的方针，此次会议时称"小古田会议"。

当时，部队给养困难，游击队以野菜度日，靠坑螺、野果充饥，

1946 年 2 月 11 日，政治部主任黄高扬（1918 年生，台山县人，出身华侨家庭）因患上痢疾又缺医少药，在鸡板坑曾发家病逝。田心村堡垒户陈友记、曾发、戴石、孙阿华等人弄来棺材，悄悄把烈士抬上屋背山窝掩埋了。新中国成立后，紫金县政府把黄高扬遗骸迁葬于县城革命烈士墓。据曾发的长子、现年 66 岁的曾佛先说，他曾给黄高扬端过药。

　　1946 年 6 月，高健部队主力北撤山东烟台。

　　1967 年冬，鸡板坑所在的卷蓬村被确定为革命老区。

一个小山村八个居民点

　　田心自然村有十四户人家共六十五人，分散居住在八个居民点。除一户陈姓外，其余都是清顺治年间从兴宁迁来的曾又参的后裔。

　　鸡板坑只有四户农家十七人，曾佛先、曾潭友兄弟俩占了两家，另两户是曾如平、张招来。20 世纪 30 年代，曾佛先、曾潭先的爷爷在此搭起茅寮耕田，后逐渐将茅草寮改建为泥砖瓦屋，接着，曾如平、张招来的上辈也到这里建房，形成了小村庄。目前，鸡板坑有七人外出东莞、深圳打工，只剩下十名老少在家耕田或读书。由于穷，小孩上不了学，如今村里的最高学历高中，拥有者是曾如平家的曾天送，他 1999 年初中毕业后考上蓝塘高中，因缴不起学费便去了深圳打工。

　　陈伟祥（陈友记之子）家原在鸡板坑山背后的屋长坑，土改时下山来到田心村，是村庄上唯一姓陈的人家，他母亲赖娇今年 100 岁，曾招待过游击队员。陈伟祥 1992 年从好义粮所退休，是田心村目前唯一的国家干部。

　　当年的堡垒户曾潭生如今成了五保户，今年 79 岁。

经济

卷蓬村村民的生活在上义镇是最穷的，而田心村人的日子在卷蓬村是最差的。这里地处山边、河唇，田瘦难长作物，又常遭洪水和鸟、鼠侵害。村民单靠人均 0.82 亩的山边田维持生计，而能够耕作的田人均仅有 0.7 亩。

以前，村民上山搞副业，如采割松脂、养蜜蜂等。而今松树砍得没多少了，养蜜蜂也不太顺利。曾佛先养过十多箱蜜蜂，去年全跑了，至今没有再养。现他家仍有一张游击队领导高固留下的棉被。曾流明在曾佛先家屋后养蜜蜂，有三五箱，曾佛先说，如遇到蜜蜂群，他还会设法留住它们，搞点收入。

村民还种些黄豆、花生，养几头猪、几只鸡，除此之外再没有其他生产项目。

飞云礤瀑布

卷蓬村南面的 3 万多亩山林中，有 1 万多亩是针阔叶混交林，千沟万壑汇流成落差巨大的古田河，河水流经鸡板坑山后的一段是从花岗岩上直泻而下的，形成高达数十丈的瀑布，水花飞溅，蔚为壮观，故称"飞云礤"。瀑布冲成一个大水潭，两侧峭壁直立，水声轰隆，云生雾起，是避暑胜地。

近几年来，飞云礤瀑布迎来了许多观光者，紫金县城和蓝塘、好义、凤安等镇以及惠东县一些喜山好水人士，逢节假日就三五成群前来旅游。

典故传说

鸡板坑屋对面的田畈上有一方形大石，石面有一条条纹路从上至下排列着，人称它为出米石。相传，当时此石缝内能出米，每天能流出足够三个人吃的大米，住在附近的一家三口，就靠此石出米供食。有一天，这里来了一位客人，米不够，主人去把石缝凿大一些，以为能多出点米。哪知米反而不出了。从此，出米石就不出米了，成了无用的石堆。

婚嫁

长期以来，村民婚嫁依照媒妁之言，讲究男女双方的生辰八字。迎亲时，新娘坐着轿子来。"三朝"过后，娘家人成群结队来探望，名叫"踏路"。新中国成立后，抬轿送嫁风俗逐渐被废除。近十年来，男女恋爱自主选择，迎亲嫁婆兴小四轮、中巴或小车、摩托车接送。

田心村的妇女多数是本镇的吉洞、上义、光辉等村嫁进去的，近年有几个外出打工后生娶回了湖南的女子。姑娘家也爱走亲戚，大多嫁往吉洞、上义、光辉等地，远一点就是好义镇了。

传统节日·农谚

春节是田心人一年中最盛大的传统节日，除夕之夜一家吃团圆饭，传统菜有白切鸡、蒸猪肉。人们在夜晚守岁，放鞭炮，接财神，祈福新年，这一夜每家每户灯火通明；年初一吃斋，初一、初二两天禁扫地，初三才打扫，把垃圾送到河边，名叫"送穷鬼"；年初二恢复吃鸡、鸭、猪等荤菜；年初四媳妇们开始回娘家探望亲人。

二月初二，"水滴伯公衣"，农家酿豆腐祈求土地爷保佑五谷丰登。清明节，也称"寒食节"，家家户户采摘艾叶做艾糍粑。五月节（初五）杀鸡宰鸭吃一顿，但不染红蛋。七月十四做"田园"，叫"田完节"，这时农活干完，杀鸡割肉、做"禾串糍粑"、煎糯米糍粑庆贺，祝愿谷穗像禾串糍粑一样又长又大。有祝词说："禾秆大过禾笛竹，禾穗大过狗尾粟。"八月十五日，村民准备月饼、花生、水果，晚上放鞭炮拜月亮，据《上义镇志》记载，1986 年，当晚 0 时 45 分，这里的月亮最圆、最清、最好看。十月朝（初一），又叫"小阳春节"，农谚云"十月朝，糍粑只只烧（热）"，即家家做糯米饭、糍粑。冬至，一般人家用萝卜、糯米粉、虾头、胡椒、味精、猪肉、蒜料等酿做糍粑，有钱的农户则宰鸡割肉，以示庆贺。冬至那天，以出现在月头、月中、月尾来预测来年的冷暖雨晴。农谚云"冬至在月头，家家煮牛头"，说明天气将会很冷；"冬至在月腰，家家没草烧"，意思说雨水多；"冬至在月尾，干活不知归"，意即天气暖和。

村民在想什么？

鸡板坑人说，他们已有十年未看过电影，二十多年没看过戏了。住在山边，却没人会唱山歌。

鸡板坑居民点通向电站公路有 400 米的羊肠小道，交通不便，村民碾谷要挑着去担着回；守着三个水电站，电压却很低。春节过后，卷蓬村十四个村民小组一个多月未见电灯亮，最后由镇供电所和村委会牵头，由村民集资拉线才恢复用电。

村民说，他们负担重，小孩读书等难承受。曾涞华有 5 亩山坑田，每年上缴粮食 300 多公斤，曾佛先、曾潭友各有 3.2 亩，上缴任务都是 232 公斤。

去年冬，曾佛先用子女打工挣回的钱安装了程控电话，至此，田心村有了四部电话。十四户农户共有两部彩电、四部黑白电视、四台 VCD，与卷蓬村一样，只能收看珠江台一个台的节目。曾佛先家的一部黑白电视机仅用来播放 VCD，四户人家没有自行车，更不要谈摩托车了。

村民们盼望政府引资开发飞云礤旅游度假区，带动交通的改善，让这里清新的空气、清甜的泉水、凉爽的气候赐惠于更多的人；盼望改造电网，提高用电质量；盼望降低学校收费、调低上缴粮食数量，减轻经济负担；保护马尿礤、古田岭针阔叶森林，保证水电站正常运转，卷蓬河水长年清流，村民世代好耕好种……

3. 满目葱茏大贝村

龙川县上坪镇青化村大贝自然村是我市最北边的村庄，该村北与江西省寻乌县桂竹帽镇白石面村相邻，一山跨两省。

简介

大贝村有二十四户人家一百多位村民，分住在紧挨山腰的四五个居民点。青砖黑瓦的"太和第"位居最北，此宅具有典型的客家特色，历史约有二百年。据说该屋主人曾发过大财，而目前仅有四户村民在此居住。

大贝村民有三姓，王姓十二户、刘姓十一户、卢姓一户。长期以来，三姓村民和睦相处。

大贝村是全市纬度最高的地方，海拔也高，将近 500 米。村庄北面的山上每年冬天都要下一场雪，山上一夜之间变得银装素裹。而夏天，这里相当凉爽，村民们的棉被是一天也用不着搁置的，即使是小暑大暑天，夜晚还得盖棉被。

经济

大贝村田少山地却相对多些，全村只有五六十亩水田，而山地有上千亩。村民们历来懂得靠山养山吃山，日子能保持在温饱水平甚至有余。

山上到处生长着毛竹、杉树和针阔叶树种，放眼望去，满目葱茏。这里篾匠多，木匠也多。村民们在左编右织、上凿下刨的劳动声中过着丰衣足食的生活。

历史

然而，在旧社会，大贝村村民日子过得很艰难。1931年冬，"太和第"的刘仕俊、刘鸿儒，"大贝屋"的王福春、王福宣等青年与邻近村庄的几十名热血青年毅然投奔红军参加了革命。他们在村庄北面2公里的"两口塘茶亭"发誓闹翻身。后来，他们中的大多数成了烈士。王福宣在寻乌、瑞金等一带见过毛泽东，毛泽东的手曾亲切地抚摸过他的小脑瓜。王福宣在长征途中被国民党军队俘去。1948年淮海战役中，他又被解放军争取过来。新中国成立后他参加了抗美援朝。因为文化不高，他从朝鲜回来后一直务农，当过生产队长，几年前去世。

人才

村民王兴长学有一身精湛的木工技艺。1992年，刚过而立之年的他打算到外面闯一闯。王兴长揣着200多元路费，只身南下深圳。由于人生地不熟，他一时找不到活干。眼见口袋里的钱一天天减少，情急之中，王兴长踏进一家木工艺厂。他央求老板："让我做一个星期，你不用付工钱有食宿就行。"

不到一星期，那老板决定让王兴长留下，给他每月 300 元的工资。后来王兴长的工资涨到每月 1000 元。不久木工艺厂转产，老板让王兴长做保安，很快又提升其为队长、办公室主任，工资也增加到每月近 2000 元。

1994 年，王兴长把妻子也带了去，在木工艺厂旁开了一间小店，做着小买卖，积累资金。1997 年，王兴长在深圳加入了中国共产党。1998 年冬，王兴长夫妻俩返回大贝村，准备用积累的资金发展种养业。哪想，翌年撤区改村，王兴长被村民推选为村干部，任计划生育专干。今年春节刚过，他又被村民推选为青化村党支部书记。

青化村几乎没有集体收入，没有办公设备，办公场所是一幢危房。王兴长上任后，马上着手筹集资金，修缮了村委会办公房，添置了办公桌椅，让村委会成员有个较舒适的办公地点。王兴长还积极引导村民调整农业产业结构，封山育林，广种柑橘、西瓜，大养猪、鸡，增加收入。

教育

大贝村人是有远见的，无论儿子女儿，做家长的都尽力供他们读书，小小山村也出了一些人才。

20 世纪 30 年代出生的王纯早年参加革命，后来担任过广州市黄埔区人大常委会主任，现已离休；王丙煌现是昆明医科大学教授；王卓明现是广州一家医学院的教授。

那些虽未考入高等院校的青年男女，由于接受了一定的文化教育，在南下打工时，他们靠知识凭才干也谋到了一些好的工作。现在，村里一百多人中有四十多名后生仔外出打工。他们到深圳、东莞、广州等地打工，挣了钱就回来改变家乡的面貌。刘小明在深圳打工，学会了装潢设计，当了电工，收入高，1998 年他在家乡建起了钢筋水泥房。至目前，大贝村有一半家庭改善了居住环境。

文化

大贝村的青年喜爱文娱活动，他们与其他村的后生仔同舞香火龙，共打一堂狮，逢春节或其他节假日便表演取乐一番。

火龙舞动时，满身插着香烛，在村寨屋围间游来游去，为村寨增添了吉祥喜庆氛围。一年中，村民要欢度的节日不多，有春节、元宵、二月二、清明、五月节、七月半、八月十五和元旦，而最热闹的是春节、五月节和七月半。逢年过节传统的菜是鸡肉，五月节还有酿苦瓜、裹粽子，七月半的菜色是鸡肉、粽子。春节后的年初二，村里的男女老幼开始探亲访友，这已成习俗。

从大贝村青年男女的婚嫁可以看出相邻地区经济的发展状况。20 世纪 60 至 70 年代，村里的姑娘多嫁往江西省寻乌、定南两县，因为那时赣南粮食充足，口粮分得多。80 年代开始，广东改革开放先行一步，人们生活得以提前改善，大贝姑娘不再北上找夫家，而是在本村、本镇、本县找归宿；而江西的姑娘却争相往南飞，嫁来青化村了。

特产

大贝村家家户户的自留山上都种着毛竹、杉树、柑橘。金橘、柑是青化的特产，也是上坪镇的特产，畅销深圳、惠州及龙川县城。

王兴长希望青化村的群众多发展这一品种，靠山养山吃山。他相信，不出几年，这里会有更多的柑橘运往 11 公里外的上坪圩，然后销往各地。

4. 径塘村的男人女人

在龙川与兴宁交界处有一座山叫南山嶂，南山嶂西侧是龙川县新田镇径塘村径塘自然村——我市最东边的村庄。

简介

径塘自然村有六十多户人家三百多人，绝大部分姓傅，只有一两家姓邬。傅姓人原由福建长汀迁至新田镇大岭村，二百多年前，十四世傅廷识从大岭村迁至径塘开基，建起了"永裕堂"。

径塘村群山环抱，耕作区域狭小，人均山坑田 0.5 亩，而山地相对多些，人均 20 亩。村民在耕种水稻的同时，还在山坡地种植玉米、木薯、黄豆，自给自足。村民们记得，20 世纪 50 年代至 70 年代中期，生活相当艰苦，因为那时村民不能种植更多的经济作物。

由于交通不便，村民们如要卖农副产品便要肩挑背驮。径塘村距新田圩镇 11 公里，距兴宁市罗岗圩镇 10 公里，路也更好走，因而自祖上定居此地以后，村民们一直赴东边的罗岗圩场，而很少有人赴赤光、新田圩。

土地革命至解放战争时期，南山嶂里的"斋公庵"有游击队活动，村民傅庚先曾做过地下交通员，将回龙镇大塘肚送来的情报转到兴宁罗浮镇练优村，再送到江西大田，因此，径塘村是大塘肚至江西交通线上的一个中转站。

人才

今年 56 岁的傅桂源曾担任村支部书记。近年来，他家每年约有六头猪出栏，除耕种几亩水稻外，还种了李、枇杷、梨、柚等果树六十株。三个子女陆续去了深圳做工，靠着他们挣回的钱和家中的一点积蓄，去年他家建起了楼房。傅桂源认为，径塘村要加快发展经济的话，比较切合实际的，一是外出务工，二是大种毛竹和油茶。

1998年夏，傅运粼夫妇从兴宁罗岗买回一头母羊饲养，至今已产过羊羔四批共八只，每只可卖160元。他说，这里山多树叶多青草多，气候适宜，可发展养羊业。他想多买几只羊饲养，可就是缺少本钱。

傅运粼家有32亩山地，都生长着路箕草，前两年他种了5亩枫栗，还没到收成时候。他的三个儿子在深圳打工，但挣钱不多。

径塘村外出干部不多，早年有一个叫傅兆珍的，毕业于武汉大学，是深圳某个部门的高级政工师、经济师，其儿子傅伟在深圳拥有一家生产经营家私的公司。

1995年，傅兆珍捐资17万元，开通了径塘村2.5公里的村道，西接大岭村、东连兴宁罗岗镇，村民的出入一下子方便多了。

经济

外出务工是目前及今后一段时期解决农村剩余劳力的门路之一。径塘村的年轻人也和其他村庄的年轻人一样，纷纷南下打工去了，几乎每家每户都有人外出做工，共计有八十多人。

傅玉燕1992年从龙川氮肥厂辞职到深圳打工，其妻子在家打理农活家务和照顾小孩，去年他家建起了两层半的小楼房。目前，全村有十七户人家建起新房，五户正在筹建中。

由于家计实在困难，今春傅洪金不得不让妻子出去打工。今年31岁的傅洪金一直在深圳做建筑工，1995年父亲患病去世，母亲改嫁，自己又得了风湿病，不能下地劳动。他既要供养80多岁的奶奶,又要供两个小孩读书,生活异常艰难,住的也是危房。他家是径塘村最贫困的一户。家况比傅洪金稍好一点的贫困户还有近十户。径塘村大部分人家人均纯收入在 2000 元内。

婚嫁

1998 年,当夏俊婵跟着丈夫傅贵锋回到径塘村时,感到惊讶不已:怎么这样"山"哪!

夏俊婵于 1994 年从家乡四川省广安县到深圳宝安打工,1996 年与傅贵锋相识相恋并结婚。她是径塘村外来媳妇中娘家最远的一个。

改革开放后,外出务工使径塘人打破了只与兴宁人通婚的传统。由于山水相连,风俗相近,语言相同,一直以来,径塘的本地郎都是娶兴宁的姑娘为妻,径塘的姑娘也嫁往兴宁去。尽管目前径塘村青年男女的婚姻还基本保持在与兴宁相通的局面,但慢慢地一些操着南腔北调的外省媳妇陆续嫁入,至少说明村里在某些方面正发生着变化。

在五个外来媳妇中,有两个跟着丈夫继续在深圳打工,三个留在家里务农。夏俊婵渐渐习惯了这里的生活,学会了使用这里的农具,种水稻、玉米、番薯、黄豆,俨然一个径塘村妇,只不过一张口还是那带着川音的普通话。

文化

村东头的火峡脑山坳上有一个茶亭,叫"亭接峨峰",是镇上一个刁姓村民所建。他在亭里摆摊卖茶,方便过往行人。

据 86 岁的村民傅兰波老人说,小时候就有了这茶摊,后来遭到毁坏。1992 年,傅兰波等几人牵头,筹资修复了茶亭,让径塘、罗岗两地村民和过往客商有了一个歇息和避雨的地方。

逢年过节，要回兴宁娘家的径塘媳妇都在亭里歇息，等候伙伴，然后挑着箩担三五成群一路说笑到娘家。

一直以来，径塘媳妇是在春节时的年初四和年初六回娘家。

径塘人居住点多，分散在几十个大小山头上，文化生活匮乏，村民们20世纪70年代看过文艺演出，80年代看过电影。现在全村有彩电十多部，能收看珠江台和梅州电视台的节目。

村民企盼演出团体、电影队进村，让大伙乐一乐。

记者手记：

关注边远村落

东、南、西、北，老、小、边、穷。

老：革命老区，如最南的鸡板坑、最北的大贝村。

小：人口少，小姓人群落居之地，如最西的鹿子坑。

边：这些村庄都地处山区，远离圩镇，交通不便，生产条件差。

穷：由于地理位置不佳，大部分村民的生活水平徘徊在温饱线上下，文化生活匮乏，普遍存在着看电视难的问题，鹿子坑还兼有灌溉难。

"窥一斑而知全豹"，这些村庄在其所在的东西南北边沿地区具有一定的代表性，了解了它们，其他边远村庄也大致相差不远了。

这些村庄有一个共同的优势（鸡板坑除外，因这里的山地未分到户）：山地广阔，资源丰富。同时还有一个可贵之处：他们都有摆脱贫困奔富裕小康的强烈愿望。这可从青年男女纷纷外出务工，一批种养户的产生，村民均想方设法供子女读书等方面得到佐证。

这些村庄不应成为被遗忘的角落，尽管偏僻、贫困，但我们更应该给予它们更多的关注。

走访、报道这些村庄的目的，也在于此。

注：

①本文作者为《河源日报》记者谢全建，四篇稿件分期发表于 2003 年的《河源日报》，收入本书时略有修改。

编后：关于"东南西北村"的报道，到本篇为止，已告完成。这段时间，本报记者谢全建深入到我市东、南、西、北四个最边远、偏僻的村落，了解当地的风俗民情及生产、生活状况，起码在某些方面让我们了解了一些我们也许会遗忘的角落。我们的愿望与记者在手记中写的一样，希望社会"给予他们更多的关注"。